LÉON BLOY

Dans les Ténèbres

AVEC UN PORTRAIT DE L'AUTEUR DESSINÉ PAR SA FEMME

> Tenebræ erant super faciem Abyssi.

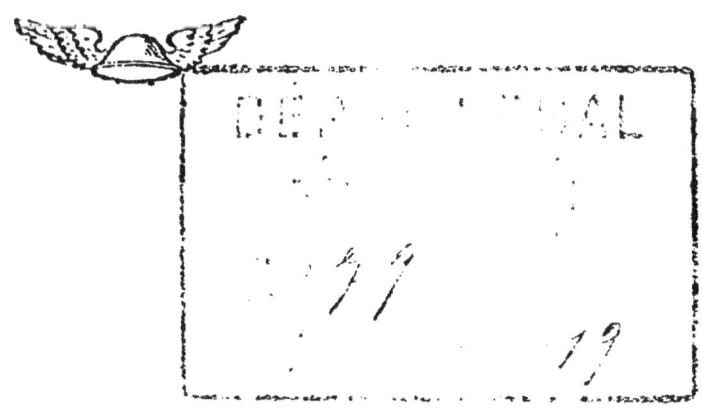

PARIS
MERCVRE DE FRANCE
XXVI, RVE DE CONDÉ, XXVI

DU MÊME AUTEUR :

LE RÉVÉLATEUR DU GLOBE (*Christophe Colomb et sa Béatification future*). Préface de J. Barbey d'Aurevilly (*épuisé*).

PROPOS D'UN ENTREPRENEUR DE DÉMOLITIONS (Stock).

LE PAL, pamphlet hebdomadaire (les 4 numéros parus) (*épuisé*).

LE DÉSESPÉRÉ, roman.

CHRISTOPHE COLOMB DEVANT LES TAUREAUX (*épuisé*).

LA CHEVALIÈRE DE LA MORT (*Marie-Antoinette*).

LE SALUT PAR LES JUIFS (Crès).

SUEUR DE SANG (1870-1871) (Crès).

LÉON BLOY DEVANT LES COCHONS (*épuisé*).

HISTOIRES DÉSOBLIGEANTES (Crès).

LA FEMME PAUVRE, épisode contemporain.

LE MENDIANT INGRAT (Journal de Léon Bloy).

LE FILS DE LOUIS XVI, portrait de Louis XVII, en héliogravure.

JE M'ACCUSE... Pages irrespectueuses pour Emile Zola et quelques autres. Curieux portrait de Léon Bloy (Bibliothèque des Lettres françaises).

EXÉGÈSE DES LIEUX COMMUNS.

LES DERNIÈRES COLONNES DE L'ÉGLISE (*Coppée. — Le R. P. Judas. — Brunetière. — Huysmans. — Bourget, etc.*).

MON JOURNAL (Dix-sept mois en Danemark), suite du *Mendiant Ingrat*.

QUATRE ANS DE CAPTIVITÉ A COCHONS-SUR-MARNE, suite du *Mendiant Ingrat* et de *Mon Journal*. Deux portraits de l'auteur.

BELLUAIRES ET PORCHERS. Autre portrait (Stock).

L'ÉPOPÉE BYZANTINE ET G. SCHLUMBERGER (*épuisé*).

LA RÉSURRECTION DE VILLIERS DE L'ISLE-ADAM (*épuisé*).

PAGES CHOISIES (1884-1905). Encore un portrait.

CELLE QUI PLEURE (Notre-Dame de la Salette), avec gravure.

L'INVENDABLE, suite du *Mendiant Ingrat*, de *Mon Journal* et de *Quatre ans de captivité à Cochons-sur-Marne*. Deux gravures.

LE SANG DU PAUVRE.

LE VIEUX DE LA MONTAGNE, suite du *Mendiant Ingrat*, de *Mon Journal*, de *Quatre ans de captivité à Cochons-sur-Marne* et de *l'Invendable*. Deux gravures.

VIE DE MÉLANIE, *Bergère de la Salette*, écrite par elle-même. Introduction par Léon Bloy. Portrait de Mélanie.

L'AME DE NAPOLÉON.

EXÉGÈSE DES LIEUX COMMUNS (Nouvelle série).

SUR LA TOMBE DE HUYSMANS (Laquerrière).

LE PÈLERIN DE L'ABSOLU, suite du *Mendiant Ingrat*, de *Mon Journal*, de *Quatre ans de captivité à Cochons-sur-Marne*, de *l'Invendable* et du *Vieux de la Montagne*.

JEANNE D'ARC ET L'ALLEMAGNE (Crès).

AU SEUIL DE L'APOCALYPSE, suite du *Pèlerin de l'Absolu*.

CONSTANTINOPLE ET BYZANCE (Crès).

En préparation

LA PORTE DES HUMBLES, suite d'*Au Seuil de l'Apocalypse* (dernier volume du Journal de Léon Bloy).

DANS LES TÉNÈBRES

IL A ÉTÉ TIRÉ :

*Onze exemplaires sur Japon à la forme,
numérotés de 1 à 11 ;
Sept exemplaires sur Chine,
numérotés de 12 à 18 ;
Soixante-quinze exemplaires sur Hollande,
numérotés de 19 à 93*

JUSTIFICATION DU TIRAGE :

**Droits de reproduction et de traduction
réservés pour tous pays.**

LÉON BLOY

Dans les Ténèbres

AVEC UN PORTRAIT DE L'AUTEUR DESSINÉ PAR SA FEMME

> Tenebræ erant super faciem Abyssi.

PARIS
MERCVRE DE FRANCE
XXVI, RVE DE CONDÉ, XXVI

MCMXVIII

A

SON AMI TRÈS CHER

L'ABBÉ LÉONCE PETIT

CE LIVRE EST DÉDIÉ SELON LA VOLONTÉ

DE

LÉON BLOY

PRÉFACE

PRÉFACE

Dans le Bulletin Paroissial de Bourg-la-Reine du mois de décembre 1917 on lit :

« Ont été honorés de la Sépulture ecclésiastique...

« ... 6 Novembre, M. Léon Bloy, 71 ans...

« Parmi les morts dont nous annonçons les récentes funérailles, qu'on nous permette une mention particulière pour M. Léon Bloy, écrivain puissant et original qui laisse un grand nombre d'ouvrages. D'autres parleront de la fougue de sa polémique, des qualités de son style qui faisaient « l'admiration des lettrés, même de ceux qui comptaient parmi ses adversaires ».

« Pour nous, nous parlons du chrétien convaincu que nous avons vu tous les jours à la sainte Table jusqu'au moment où, vaincu par le mal, il dut se résigner à ne plus quitter sa maison. — Il comptait de nombreux amis, des convertis; l'un d'eux me disait le lendemain des obsèques : « Nous sommes nombreux ceux qui, grâce à lui, sommes revenus de loin. » S'il y eut quelque exagération et quelque violence dans son langage, Dieu lui tiendra compte de tout le bien qu'il a voulu faire et de celui qu'il a fait. »

Cette mention lapidaire de la mort de Léon Bloy me plaît.

C'est l'Église qui a parlé par l'humble curé de sa paroisse, et, devant la Mort, en face de l'Éternité, quel témoignage peut souhaiter un chrétien, sinon celui-ci : « Dieu lui tiendra compte de tout le bien qu'il a voulu faire et de celui qu'il a fait. »

Amis connus et inconnus, c'est pour vous — après Dieu — que ce livre fut écrit. Vous étiez là, entourant le vieil Écrivain comme un cortège invisible — car il pensait toujours à vous faire du bien — jusqu'au moment où la plume lui tomba de la main, le 15 octobre, deux semaines avant sa mort.

Mais son esprit ne s'interrompait pas de travailler. Les vastes chapitres qu'il avait rêvés, pour finir, se déroulaient devant lui pendant ses nuits sans sommeil. Après *Les nouveaux riches* il voulait faire *Les nouveaux pauvres,* deux autres chapitres encore, puis une Conclusion.

Comme je désirais beaucoup savoir ce que contiendrait cette Conclusion, je le lui demandai un jour. Il me répondit: « Je voudrais montrer combien, autrefois, tout ce qui était grand se faisait avec de petits moyens, tandis que ce que font aujourd'hui les hommes est petit, quoique fait avec de grands moyens. »

Je crois agir selon le désir de l'auteur en remplaçant par son travail sur l'Aveugle-né de l'Évangile les trois chapitres et la Conclusion qu'il ne lui fut pas donné d'écrire.

Léon Bloy avait l'intention de faire une série de ces études bibliques. C'était chose difficile qui demandait la plus grande tranquillité d'esprit, l'absence de soucis en particulier, une vie presque contemplative. Il n'a pu nous laisser que des notes. Il est vrai que la substance de sa pensée à l'égard d'une interprétation de l'Écriture qui ne relève ni de la morale ni de l'historique, mais du symbolisme pur, est présente dans son œuvre tout entière pour ceux qui savent lire.

Mais la clef qui lui ouvrait l'absolu des paroles divines, cette clef précieuse, qui donc saura s'en servir désormais ?

C'est surtout cela qui nous navre, nous, les amis de sa pensée éternelle.

Car il n'avait pas seulement reçu un don qu'on pourrait appeler d'intuition surnaturelle : un dépôt lui avait été confié. Il est presque certain que chaque vie recèle son puits de ténèbres ou de lumière, secret entre lui et son Créateur, qu'il le sache ou non.

Toute sa vie, Léon Bloy a porté le poids de son secret à lui, secret éblouissant et terrible pour la faiblesse humaine.

Combien de fois m'a-t-il dit : Je dois tout à cette intervention dans ma vie. Ses yeux avaient été dessillés par un événement inouï, et le sens de l'Écriture lui avait été ouvert.

L'Aveugle-né, c'est lui-même ! Comme dans l'Évangile Jésus lui a guéri les yeux avec « de la boue », et c'est lui-même qui, en réponse à nos questions indiscrètes, nous dit : « Je ne sais qu'une chose, c'est que j'étais aveugle et que, maintenant, je vois. »

Que ce livre aille donc à sa destinée ! L'auteur y a mis son sceau, celui de la douleur.

Notre-Dame de Compassion l'a consacré par les paroles du IIIe chapitre, entendues par Léon Bloy une certaine nuit, et qu'il a aussitôt inscrites :

— « Toi et moi, cher enfant, nous sommes le Peuple de Dieu. Nous sommes dans la

Terre promise, et je suis moi-même cette terre de bénédiction, comme je fus autrefois la Mer Rouge qu'il fallait passer. Souviens-toi ! Mon Fils a dit que ceux qui pleurent sont bienheureux, et c'est parce que j'ai pleuré toutes les larmes et subi toutes les agonies des générations que toutes les générations m'appelleront bienheureuse. Les merveilles de l'Egypte ne sont rien et les merveilles du désert ne sont rien non plus en comparaison de l'éblouissement que je t'apporte pour l'Éternité. »

Dans une très douce conversation que j'eus avec mon mari, l'une des dernières nuits avant sa mort, il me dit avec un accent extraordinaire : « Je suis seul à savoir la force que Dieu a mise en moi pour le combat. »

Nous qui croyons à la Vie éternelle, croyons aussi que cette force sera utilisée pour la Gloire de Dieu.

Jeanne Léon Bloy.

Bourg-la-Reine, 3 déc. 1917.

I

LE MÉPRIS

LE MÉPRIS

Oh! le délicieux, l'inappréciable refuge! Rafraîchissement surnaturel pour un cœur tordu d'angoisse et de dégoût! Le mépris universel, absolu, des hommes et des choses. Arrivé là, on ne souffre plus ou du moins on a l'espérance de ne plus souffrir. On cesse de lire les feuilles, on cesse d'entendre les clamitations du marécage, on ne veut plus rien savoir ni rien désirer que la mort. C'est l'état d'une âme douloureuse qui connaît Dieu et qui sait qu'il n'existe rien sur terre où elle se puisse appuyer en nos effroyables jours.

Est-il nécessaire pour cela d'être devenu un vieillard? Je n'en suis pas sûr, mais c'est tout à fait probable. Le mal est énorme, pensent les hommes qui n'ont pas dépassé soixante ans, mais il y a tout de même ceci ou cela et le remède n'est pas impossible. On ne se persuade pas que tout est dans le filet du mauvais chasseur et qu'il n'y a qu'un ange de Dieu ou un homme plein de miracles pour nous délivrer.

La Foi est tellement morte qu'on en est à se demander si elle a jamais vécu, et ce qui porte aujourd'hui son nom est si bête ou si puant que le sépulcre semble préférable. Pour ce qui est de la raison, elle est devenue si pauvre qu'elle mendie sur tous les chemins, et si affamée qu'on l'a vue se repaître des ordures de la philosophie allemande. Il ne reste plus alors que le mépris, refuge unique des quelques âmes supérieures que la démocratie n'a pas pu amalgamer.

Voici un homme qui n'attend plus que le martyre. Il sait de façon certaine qu'un jour il lui sera donné à choisir entre la prostitution de sa pensée et les plus horribles supplices. Son choix est fait. Mais il faut attendre, il faut vivre et ce n'est pas facile. Heureusement il a la prière et les larmes et le tranquille ermitage du mépris. Cet ermitage est exactement aux pieds de Dieu. Le voilà séparé de toutes les concupiscences et de toutes les peurs. Il a tout quitté, comme il est prescrit, renonçant même à la possibilité de regretter quelque chose.

Tout au plus serait-il tenté d'envier la mort de ceux qu'il a perdus et qui ont donné leur vie terrestre en combattant avec générosité. Mais cette fin elle-même le dégoûte, ayant été si déshonorée par les applaudissements des lâches et des imbéciles.

Et le reste est épouvantable. La sottise infinie de tout le monde à peu près sans exceptions; l'absence, qui ne s'était jamais vue, de toute supériorité; l'avilissement inouï de la grande France d'autrefois implorant aujourd'hui le secours des peuples étonnés de ne plus trembler devant elle; et la surnaturelle infamie des usuriers du carnage, multitude innombrable des profiteurs grands et petits, administrateurs superbes ou mercantis du plus bas étage, qui se soûlent du sang des immolés et s'engraissent du désespoir des orphelins. Il faut être arrivé, après tant de générations, sur ce seuil de l'Apocalypse et être ainsi devenu spectateur d'une abomination universelle que ne connurent pas les siècles les plus noirs pour sentir l'impossibilité absolue de toute espérance humaine.

Alors, Dieu qui sait la misère de sa créature confère miséricordieusement à quelques-uns qu'il a choisis pour ses témoins la suprême grâce d'un mépris sans bornes, où rien ne subsiste que Lui-même dans ses Trois Personnes ineffables et dans les miracles de ses Saints.

Lorsque le prêtre élève le calice pour recevoir le Sang du Christ, on peut imaginer le silence énorme de toute la terre que l'adorateur suppose remplie d'effroi en présence de l'Acte indicible qui fait paraître comme rien tous les autres actes, assimilables aussitôt à de vaines gesticulations dans les ténèbres.

L'injustice la plus hideuse et la plus cruelle, l'oppression des faibles, la persécution des captifs, le sacrilège même et le déchaînement consécutif des luxures infernales; toutes ces choses, à ce moment-là, semblent ne plus exister, n'avoir plus de sens en comparaison de l'Acte Unique. Il n'y a plus que l'appétit des souffrances et l'effusion des larmes magnifiques du grand Amour, avant-goût de béatitude pour les écoliers de l'Esprit-Saint qui ont établi leur demeure dans le tabernacle du royal Mépris de toutes les apparences de ce monde.

II

LES APPARENCES

LES APPARENCES

C'est la plus banale des illusions de croire qu'on est réellement ce qu'on paraît être, et cette illusion universelle est corroborée, tout le long de la vie, par l'imposture tenace de tous nos sens. Il ne faudra pas moins que la mort pour nous apprendre que nous nous sommes toujours trompés. En même temps que nous sera révélée notre identité si parfaitement inconnue de nous-mêmes, d'inconcevables abîmes se dévoileront à nos *vrais* yeux, abîmes en nous et hors de nous. Les hommes, les choses, les événements nous seront enfin divulgués et chacun pourra vérifier l'affirmation de ce mystique disant qu'à partir de la Chute, le genre humain tout entier s'est endormi profondément.

Sommeil prodigieux des générations, naturellement accompagné de l'incohérence et de la déformation infinies de tous les songes. Nous sommes des dormants pleins des images à demi effacées de l'Eden perdu, des mendiants aveugles au seuil d'un palais sublime dont la porte est close. Non seulement nous ne parvenons pas à nous voir les uns les autres, mais il nous est impossible de distinguer, au son de sa voix, notre voisin le plus proche.

Voici ton frère, nous est-il dit. Ah! Seigneur, comment pourrais-je le reconnaître dans cette multitude indiscernable et comment saurais-je s'il me ressemble, puisqu'il est fait à votre image, autant que moi-même et que j'ignore ma propre figure? En attendant qu'il vous plaise de me réveiller, je n'ai que mes songes, et ils sont quelquefois épouvantables. Combien plus difficilement débrouillerais-je les choses! Je crois à des réalités matérielles, concrètes, palpables, tangibles comme le fer, indiscutables comme l'eau d'un fleuve, et une voix intérieure venue des profondeurs me certifie qu'il n'y a que des symboles, que mon corps lui-même n'est qu'une apparence et que tout ce qui m'environne est une apparence énigmatique.

Il nous est enseigné que Dieu ne donne son Corps à manger et son Sang à boire que sous les apparences de l'Eucharistie. Pourquoi voudrait-on qu'il nous livrât d'une manière moins enveloppée ne fût-ce qu'une parcelle infime de sa création?

Pendant que les hommes s'agitent dans les visions du sommeil, Dieu seul capable d'agir fait réellement quelque chose. Il écrit sa propre Révélation dans l'apparence des événements de ce monde et c'est pour cela que ce qu'on nomme l'histoire est si parfaitement incompréhensible.

Sans aller plus loin, est-il possible de concevoir un annaliste satisfaisant de la guerre mondiale dont nous croyons être les témoins depuis trois ans ? A supposer que ce téméraire ne s'enlize pas du premier coup dans le marécage infini des documents, comment s'y prendra-t-il pour les juxtaposer de façon plausible? Rien que d'y penser, le cœur défaille et la raison s'épouvante.

Dans quelques années que restera-t-il des millions de soldats que l'empereur allemand a jetés sur le monde pour le piétiner et l'asservir? Que restera-t-il de ce criminel et que restera-t-il de nous? De la poussière et un poème de désolation inouïe. Ce sera toute l'histoire, toute l'apparence de l'histoire. Ceux qui viendront après nous n'y comprendront rien, sinon que le temps de la vie apparente est vraiment très court et que les événements sont des nuages plus ou moins noirs, mais infailliblement dissipés, ce qui n'avait pas besoin d'une aussi colossale démonstration.

Pourquoi, en ce moment, suis-je obsédé du psaume *In exitu* où il est parlé des « idoles des nations »? Voici une très belle femme infiniment spirituelle, adorée d'une multitude, capable, dit-on, de damner des saints. Voici, d'autre part, un homme d'État très fameux, universellement admiré pour son éloquence et sa perspicacité. Deux idoles !

« Ils ont une bouche », me dit l'Esprit-Saint, « et ils ne parleront pas ; ils ont des yeux et ne verront pas ; ils ont des oreilles et n'entendront pas ; ils ont des narines et ne sentiront pas ; ils ont des mains sans pouvoir toucher ; ils ont des pieds sans pouvoir marcher, et ils ne pourront tirer un cri de leur gosier. Que ceux qui les font », est il ajouté, « leur deviennent semblables, avec tous ceux qui mettent en eux leur espérance. »

C'est devenu un lieu commun de dire que le miracle est la restitution de l'ordre. Il n'y a pourtant pas d'autre moyen de démontrer la pérennité des apparences ! Tout le monde croyait ce mendiant boiteux de naissance. Pierre lui dit : « Je n'ai ni or ni argent, mais ce que j'ai, je te le donne ». Aussitôt l'infirme est parfaitement guéri. Qu'avait-il donc à donner, le Prince des Apôtres, et que manquait-il à ce misérable ? La seule chose nécessaire, *le Paradis terrestre.*

Pierre n'avait cessé de veiller depuis le chant du coq pascal et le mendiant de la Porte magnifique était profondément endormi. Pierre lui avait dit d'abord avec une autorité irrésistible : « Regarde-moi ! » et le dormeur, entr'ouvrant les yeux, avait aperçu, pour la première fois, l'Intégrité primordiale, les collines surnaturelles du Jardin de volupté, les sources infiniment pures, les végétations salutaires, les avenues inexprimables de ce lieu de l'Innocence. Tout cela sur le visage et dans les yeux du Pêcheur d'hommes que Jésus avait choisi.

Il n'en fallait pas plus pour dissiper instantanément les apparences et restituer la santé parfaite, la vie même, à un malheureux qui ne savait pas mieux que de mendier l'illusion d'un morceau de pain à des malheureux comme lui qui avaient l'illusion de posséder quelque chose. Il est même dit que l'ombre de Pierre guérissait.

Nous avons aujourd'hui son 260e successeur. On ne sait pas s'il a une ombre ou s'il n'est lui-même qu'une ombre. Mais on ne parle d'aucun miracle et son visage n'éveille chez personne le plus lointain souvenir du Paradis perdu. C'est le seul d'entre les Vicaires du Fils de Dieu qui ait proclamé, *urbi et orbi*, la NEUTRALITÉ de Notre Seigneur Jésus-Christ. C'est une apparence de pape, un peu plus visible peut-être et certainement plus effrayante que les apparences d'empereurs, de rois ou de républiques qui se pressent à la porte rouge de l'Apocalypse, laquelle va s'ouvrir toute grande sur l'abomination de l'Enfer.

III
LA VOLUPTÉ

LA VOLUPTÉ

La Vie et la Mort. Tout le monde pense ou croit penser qu'il n'y a que ces deux mots qui aient un sens précis et indiscutable. Mais les imaginatifs et les poètes en ont tellement abusé qu'on ne sait plus exactement ce qu'il faut entendre.

Sans doute l'aspect d'un cadavre pourrissant exclut avec force l'idée banale de la vie, mais la vue d'un jeune athlète n'invalide pas le moins du monde l'idée de la mort. Souvent même elle la fortifie et la rend féconde jusqu'à l'obsession.

Le plus sûr est d'ajourner l'emploi de ces vocables pour ne parler que de la Joie et de la Douleur dont la contingence est immédiate et toujours probable. Il se dit vulgairement que la joie est le contraire de la douleur et que ces deux impressions de l'âme ou du corps sont incompatibles. On les oppose donc l'une à l'autre. C'est la ressource des littératures.

Comment faire comprendre qu'à une certaine hauteur, c'est la même chose et qu'une âme héroïque les assimile avec facilité? Où sont-elles, aujourd'hui, les âmes héroïques?

Je sais bien que l'héroïsme peut être rencontré, au moins à l'état rudimentaire, chez nos combattants, mais l'héroïsme intégral, sans couture ni tablature, l'héroïsme estampillé d'éternité où donc est-il ? C'est celui du chrétien complet qui a tout donné par amour pour Dieu avant de donner quelque chose à la patrie, et il doit être extrêmement rare.

Le conflit des deux puissances est la tradition constante, l'histoire même de l'humanité. Il y a les joyeux et les douloureux perpétuellement. Il y a surtout l'alternance immémoriale de la joie et de la douleur et leurs infinies répartitions. Mais cela concerne la multitude.

Les âmes supérieures sont étrangères à ce flottement. Elles sont situées trop haut pour qu'aucune vague les trouble. Ce qu'on veut appeler bonheur ou malheur est accueilli par elles avec indifférence. Elles ne dédaigneront pas de jouir, si Dieu l'ordonne, mais leur prédilection est pour la souffrance et la souffrance est leur joie parfaite. C'est une joie telle qu'il n'y a pas pour ces chères âmes d'autre consolation ni d'autre espérance, lorsque des chocs imprévus ont brisé ou souillé momentanément leurs vases. Alors elles jouissent de souffrir, elles ont la concupiscence des tourments, et l'énormité de la peine devenant leur plénitude, elles ne savent plus rien du conflit supposé chez les autres âmes.

La joie de souffrir ! Le Paradis terrestre ne l'a pas connue, ne pouvait pas la connaître, avant l' « heureuse faute » par laquelle serait procurée l'exultation de tous les dormants.

Il faut tellement avoir souffleté Jésus ! Il faut l'avoir si méchamment outragé, conspué, renié, crucifié ! Il est si nécessaire d'avoir été sans pitié pour l'Agneau divin, de l'avoir flagellé atrocement, d'avoir percé d'épines sa Tête miséricordieuse avec une effroyable cruauté !

Autrement, quel moyen de concevoir la volupté des tortures, l'ineffable délice d'être déchiré par les bêtes, de cheminer sur des charbons ardents, de rissoler dans l'huile bouillante et d'avoir, en même temps, le cœur broyé par toutes les meules de l'ingratitude ou de l'injustice, jusqu'au moment où la Mère de Douleur, Celle qui pleure depuis soixante-dix ans sur sa montagne, vient Elle-même prendre le supplicié dans ses bras et le serrer sur son cœur, en lui disant à l'oreille :

— Toi et Moi, cher enfant, nous sommes le Peuple de Dieu. Nous sommes dans la Terre promise et je suis Moi-même cette terre de bénédiction, comme je fus autrefois la Mer Rouge qu'il fallait passer. Souviens-toi !... Mon Fils a dit que ceux qui pleurent sont bienheureux et c'est parce que j'ai pleuré toutes les larmes et subi toutes les agonies des générations, que toutes les générations m'appelleront bienheureuse. Les merveilles de l'Égypte ne sont rien, et les merveilles du Désert ne sont rien non plus, en comparaison de l'éblouissement que je t'apporte pour l'Éternité !

V

L'ATTENTE

L'ATTENTE

Qu'il en soit donc ainsi. J'attendrai la Douleur suprême, la Douleur sublime, la Consolation infinie. Mais quelle force ne me faudra-t-il pas pour attendre! Il me faudra tout supporter, tout endurer de ce qui n'est pas la vraie joie ni la vraie douleur. La Médiocrité me mettra sur le cœur son pied d'éléphant, et je n'aurai pas même la ressource vulgaire d'espérer la mort.

Car il est bien certain que je suis fait pour attendre sans cesse et pour me ronger en attendant. Depuis plus d'un demi-siècle je n'ai pas été capable d'autre chose.

Que sont les grils ou les lanières plombées si on les compare à l'ignominie comminatoire d'une quittance de loyer, par exemple, ou d'une facture de commerçant; à la fétidité d'une conversation mondaine; à la contagieuse putréfaction d'une âme bourgeoise; aux effluves mortels des poignées de main inévitables?

Quelles atrocités diaboliques de bourreaux chinois ou persans pourraient être mises en balance avec la mort lente procurée par la sottise portée en triomphe, ou la dégoûtante victoire toujours infaillible des inférieurs ?

Enfin comment supporter l'horreur plénière de la sentimentalité religieuse substituée partout à la Charité dans les pratiques les plus vertueuses de la parole ou de la littérature ?

En supposant même une moyenne strictement acceptable des pensées, des sentiments ou des actes à hauteur de siècle, comment cela pourrait-il être offert à des âmes infinies qui ne disent jamais : « C'est assez ! » et qui se savent les filles de Dieu ?

Attendons quand même, avalons tout et même autre chose encore si le Paraclet le demande. Ce sera un bon entraînement pour l'ivresse future des Tribulations magnifiques.

V

LA PEUR

LA PEUR

Cœpit pavere. Jésus commença à avoir peur, est-il dit dans saint Marc. Le Maître a donc connu la peur. Il a tremblé en voyant approcher l'heure de sa Passion et son angoisse a été jusqu'à suer le sang. Une peur qui va jusqu'à la Sueur de sang, il n'est possible à aucun homme d'imaginer cela. On est bien forcé de se dire qu'une telle peur a été au delà de tout ce qui peut être conçu. Songez donc! Une peur divine, une agonie de peur dans la *Lumière du monde*. Il a fallu, de toute nécessité, qu'elle dépassât infiniment toutes les peurs, comme Jésus a tout dépassé. C'est une peur triomphale, si on peut dire.

L'insuffisance des mots humains est ici d'autant plus manifeste qu'il s'agit d'une chose qui déshonore, d'une ignominie excessive qui répugne essentiellement à la Gloire. Le Rédempteur est épouvanté de son sacrifice et surtout des suites de son sacrifice, inutile pour un si grand nombre. Sachant très bien que le calice ne peut être éloigné de lui, il prie néanmoins son Père de l'écarter, si c'est possible. Mais non, il faut le boire, il faut l'engloutir et descendre pour cela dans une cave d'ignominie que redoutent les hommes les plus méprisés, au-dessous de laquelle il n'y a plus rien.

Alors comment n'aurais-je pas peur, moi qui suis un très pauvre homme? Je l'avoue très simplement, très humblement, j'ai grand peur. Je ne crains pas seulement pour mon corps qui pourrait bien être voué à d'affreux supplices, mais je crains surtout pour mon âme qui n'échappera certainement pas à son destin de spectatrice des immolations infernales que je vois venir. Elles ont été assez prédites par la Mère de Dieu Elle-même, et le crime sacerdotal d'avoir étouffé sa Voix n'était pas précisément ce qu'il aurait fallu pour désarmer l'indignation de Celui dont elle annonçait la Colère.

Aujourd'hui la Montagne de la Salette qui menaçait le monde de sa chute, après avoir oscillé soixante-huit ans, est enfin tombée avec un fracas immense et ne s'arrêtera plus qu'au fond du gouffre, ayant tout détruit. On peut encore implorer la grâce du repentir, si on n'est pas tout à fait maudit, mais bientôt on ne pourra plus même offrir sa vie qui n'appartiendra plus à personne.

« Ce sera le temps des ténèbres », a dit la Sainte Vierge, « l'abomination dans les lieux saints, la putréfaction des fleurs de l'Église et le Démon roi des cœurs... Il y aura une guerre générale épouvantable... On ne verra plus qu'homicides, on n'entendra plus que bruit d'armes et que blasphèmes... La terre deviendra comme un désert... »

On peut avoir déjà quelque pressentiment de ces horreurs. Pour ne parler que de la famine et de la peste qui pourraient être plus meurtrières que le canon, on peut compter sur l'égoïsme diabolique d'un grand nombre d'enfants du démon disposés depuis toujours à toutes les turpitudes ou injustices profitables, et sur le désespoir des multitudes enragées.

Le moment ne serait-il pas venu d'une pratique dont aucun saint jusqu'à ce jour, ne paraît s'être avisé : l'Imitation de la Sainte Peur de Jesus-Christ au Jardin de son Agonie?

Que deviendront les très rares enfants de Dieu que les premiers massacres auront épargnés? Je ne sais pas si tous auront peur, mais je sais bien que je tremble d'avance pour moi-même et pour beaucoup d'autres incapables de voir ce qui me crève les yeux depuis quarante ans.

Sans doute l'histoire est un tissu d'abominations, mais elles furent toujours intermittentes et locales. Pendant que des peuples s'exterminaient en Asie, d'autres respiraient pour quelques jours ou quelques années en Occident. La Colère avait des haltes, des sursauts, des translations soudaines, d'imprévus retours. Elle cheminait çà et là, se précipitant tout à coup sur tel ou tel point et partout ailleurs on rendait grâces à Dieu de s'être apaisé pour quelque temps.

Maintenant elle plane sur toute la terre. Elle est comme un immense nuage noir très bas qui couvrirait tout, ne laissant à personne un espoir quelconque d'échapper à la destruction. Quelque chose de semblable a dû se passer à la veille du Déluge quand Noé construisait l'Arche où huit âmes seulement furent sauvées. La menace est d'autant plus terrible que l'inconcevable cécité des clairvoyants ne leur permet pas de la voir. Quel cri d'agonie dans le monde entier, lorsque le voile des apparences venant à se déchirer, on apercevra tout à coup le cœur de l'Abîme!

VI

LE CŒUR DE L'ABIME

LE CŒUR DE L'ABIME

Que faut-il entendre par ces mots : *le Cœur de l'Abîme* ? La Bible, qui est elle-même un abîme, invoque l'abîme dès ses premières lignes, disant que dans le principe, les ténèbres étaient sur la face de l'abîme. Il est déclaré dans un psaume que les jugements du Seigneur sont un grand abîme, et dans un autre, que l'abîme est son vêtement. Le Seigneur lui-même demande à Job s'il s'est promené au fond de l'abîme, et le prophète Habacuc parle du cri de l'abîme dans son célèbre cantique. Enfin l'Évangile raconte que les nombreux démons qui possédaient un malheureux homme supplièrent Jésus de ne pas leur commander d'aller dans l'abîme dont ils avaient peur, mais de leur permettre d'entrer dans les pourceaux qui paissaient sur la montagne d'où ils furent immédiatement précipités.

Ce mot d'abîme tient une place si singulière dans la Révélation, qu'on ne peut s'empêcher de croire que c'est un pseudonyme de Dieu, et que le cœur de cet abîme ne peut être que le Cœur de Dieu, le Cœur de Notre Seigneur Jésus-Christ adoré par toute l'Église. C'est donc cela qu'il faut s'attendre à voir lorsqu'il n'y aura plus aucune chose visible. Si les diables en ont eu peur, quel ne sera pas le tremblement des humains ? Au temps de la Passion, ils ont bien pu outrager sa Face, alors couverte de ténèbres, mais que peuvent-ils contre son Cœur ?

Il y a tout ce que vous voudrez de plus grand ou de plus grandiose. Il y a l'Himalaya, dont il est dit que vingt montagnes comme le Pic du Midi ne feraient pas un escalier suffisant pour y monter. Il y a la terrifique majesté de l'Océan polaire, lorsqu'une tempête infinie bouleverse dans l'étendue ses immenses dalles de glace, à la diffuse clarté d'un soleil mort. Il y a les plus effrayantes convulsions de notre globe, les tremblements de terre inimaginables comme ceux de l'Illyrie ou de la Syrie, qui détruisirent, au sixième siècle, des provinces entières et d'énormes villes en quelques instants, le sol s'entr'ouvrant pour engloutir les habitants et leurs demeures, et se refermant aussitôt sur eux avec un mugissement de gouffre qui put être entendu de Constantinople.

Il y a aussi les magnificences humaines, les colossales bâtisses de l'Indo-Chine ou de Java en comparaison desquelles les constructions cyclopéennes des Pélasges ou des Égyptiens semblent peu de chose. Il y a encore nos cathédrales sublimes que la barbarie allemande veut anéantir, et le prodigieux cantique de tous les arts de l'Occident; les tableaux des Primitifs et les symphonies de Beethoven, Dante et Shakespeare, Michel-Ange et Donatello. Il y a enfin Napoléon, sans parler de la multitude lumineuse des Amis de Dieu.

Et tout cela est infiniment accessoire quant à la splendeur, à la puissance, à l'écrasement de l'âme; toutes ces choses et tous ces hommes sont exactement comme rien, quand on pense au Cœur de l'Abîme!

Une piété rampante et bassement hypnotisée par le simulacre a déshonoré tant qu'elle a pu ce mystère de dilection et d'épouvante par des images dont la vilenie puérile et le réalisme profanant sont à faire pleurer les Anges qui environnent les autels. Mais l'Absolu, l'Irréfragable demeure. C'est l'immense abîme à côté de nous, autour de nous, en nous. Pour le découvrir il est indispensable d'y être précipité. Le miracle même et la transcendance mystique ne suffisent pas. Pascal, dit-on, le voyait sans cesse, mais c'était l'abîme noir de son jansénisme, et pas du tout l'abîme de lumière dont le seul pressentiment est capable de tuer des saints.

Un ancien solitaire à moitié Égyptien et

à moitié Scythe, mais qui aimait Dieu dans la simplicité de son âme, s'avisa de lui demander la permission de se promener au fond de l'Abîme. Il en revint après un siècle pour mourir d'éblouissement, et c'est à l'ombre du sycomore de la science où on enterra cet étranger que naquirent saint Jean Chrysostome, saint Ambroise, saint Jérôme, saint Augustin, saint Grégoire le Grand, saint Thomas d'Aquin, saint Bernard et tous les porteurs de flambeaux.

VII

LES AVEUGLES

LES AVEUGLES

C'est la multitude infinie, c'est la population du globe. Non seulement tout le monde dort, mais à force de dormir, tout le monde est devenu aveugle, même dans les songes, en sorte qu'on ne pourrait plus se réveiller qu'à tâtons, avec une peur horrible d'être aussitôt précipité dans des gouffres. Ce qui fait si remarquable cette universelle cécité, c'est que les plus aveugles sont précisément les clairvoyants, ceux qui passent pour voir plus loin que les autres, pour voir avant tous les autres.

Chez les anciens Juifs, ou plutôt chez ces bons vieux israélites de la Bible, antérieurs à la fondation de Rome, on appelait *voyant* un prophète. On allait consulter le Voyant aux jours de péril et le Voyant consultait le Seigneur.

Aujourd'hui cela se passe autrement. Les voyants modernes n'ont plus de Seigneur à consulter. Ils n'en ont aucun besoin. Il leur est interdit, d'ailleurs, de regarder en haut, la Révélation démocratique ne le permettant pas. Il doit leur suffire d'interroger l'Opinion. Ils regardent donc en bas, fixant leur attention sur le point où les ténèbres sont le plus denses. Ils peuvent alors vaticiner avec autorité comme ce romancier fameux qui prononça, quelque temps avant la guerre, que la barbarie n'était plus à craindre, le grand État-Major allemand lui opposant une barrière insurmontable.

Les prophètes de cette force et de cette précision ne nous ont pas manqué depuis trois ans. On peut même dire qu'il y a eu autant de voyants que d'électeurs. Ne serait-ce pas l'accomplissement, après vingt-huit siècles, des paroles du Livre saint : « Je répandrai mon esprit sur toute chair et vos fils prophétiseront et aussi vos filles. Vos vieillards songeront des songes et vos jouvenceaux verront des visions. »

En suivant ce texte, il n'y a donc plus à attendre que les prodiges dans le ciel et sur la terre; « du sang, du feu, des tourbillons de fumée », ce qui paraît déjà très copieusement obtenu, et enfin « le grand Jour de Dieu » qui ne pourrait être, n'est-ce pas? que le triomphe de la démocratie universelle.

Je l'avoue, je regrette les années déjà si lointaines où on pouvait sortir, même par les mauvais temps, sans s'exposer à marcher dans des prophètes; où j'ai vu des êtres simples et humbles — il y en avait encore — qui ne se croyaient pas des souverains ni des dieux, et dont la pénétration fatidique se bornait à prévoir modestement quelques météores, ou à prier avec ferveur à l'annonce des calamités. Tout le monde alors ne savait pas tout. Les cordonniers les plus superbes ne se vantaient pas de pouvoir conduire des armées à la victoire, et on trouvait en assez grand nombre des maçons ou des balayeurs qui ne prétendaient pas au ministère des finances ou de la marine.

Je parle, cela va sans dire, d'une époque antérieure à la Commune, où le sens du ridicule inhérent à la belle France n'était pas tout à fait éteint. Beaucoup de gens se tenaient à leur place et l'incontinence du bavardage non plus que la fureur sectaire n'était pas une recommandation infaillible. On dormait sans doute, et on avait des songes, mais chacun dormait dans son lit et n'exigeait pas que ses songes prévalussent. Tout cela est si loin, je le répète, que la génération actuelle n'en sait rien et ne peut même pas le comprendre.

Aujourd'hui, après le fiasco de tant d'expériences imbéciles ou criminelles et l'impossibilité devenue si claire d'espérer un équilibre, il s'est formé comme un calus d'insensibilité chez les uns, de stupidité chez les autres. Après les premières convulsions de l'horreur et le consentement inévitable aux plus énormes sacrifices, la volonté s'est détendue. On accepte un avenir incertain. Complètement aveugle déjà, on ferme les yeux *par clairvoyance*, par sagesse. On se dit que le mal, si grand qu'il soit, aura une fin que nul ne précise. On espère une paix quelconque, résigné d'avance aux humiliations les plus effroyables.

Et pourtant, Quelqu'un doit venir, Quelqu'un d'inouï que j'entends galoper au fond des abîmes. La France de Dieu, le Royaume de Marie ne pouvant pas périr, il faut bien qu'Il vienne. Quand Il paraîtra enfin, quand Il frappera à la porte des cœurs avec le pommeau de l'Épée divine, le réveil de tous les aveugles sera prodigieux.

VIII

UN SANGLOT DANS LA NUIT

UN SANGLOT DANS LA NUIT

« Pourquoi es-tu triste, mon âme, et pourquoi me troubles-tu » ? Je voyageais en Normandie ou en Bretagne. Le train glissait sourdement dans la nuit opaque et ma tristesse était infinie. J'avais lu le récit d'une de ces immolations épouvantables qui font ressembler la France à une fontaine de sang dont la source paraît inépuisable. Quelques-uns de mes plus chers avaient succombé, et je priais intérieurement Ma Dame de Compassion et tous les Anges lamentateurs de me donner assez de larmes pour laver tous ces pauvres corps abandonnés de leurs âmes qui n'obtiendraient pas même la charité d'une sépulture.

Soudain il se fit un grand silence. Le train s'arrêtait en plein désert comme tant d'autres fois, sans doute pour laisser passer un convoi de blessés ou d'agonisants. Alors, oh! alors il se passa une chose terrible. Du sein de ce paysage inconnu, enseveli dans les ténèbres, s'éleva un sanglot humain traduisant une douleur inexprimable. Ce sanglot, faible d'abord et qu'on aurait pu croire le gémissement d'un oiseau dévoré par quelque rapace nocturne, s'amplifia bientôt, précisant la souffrance humaine à son paroxysme.

Et ce n'était pas la souffrance du corps, oh! non, mais bien celle de l'âme, la désolation excessive d'une mère qui a vu égorger ses fils et que rien ne consolera. Je ne saurais dire l'angoisse qui naissait de cette plainte exhalée dans l'obscurité et se propageant par toute l'étendue de cette contrée invisible.

Ce n'était pas une plainte articulée, mais, ainsi que je l'ai dit, un sanglot énorme, convulsif, renaissant de lui-même à l'instant où il expirait, une panique d'éploration qui semblait avoir comme un caractère d'universalité, rappelant peut-être ce qui est raconté par les anciens du deuil des femmes barbares passant la nuit à pleurer leurs morts. Cependant cette assimilation classique, dont ma conscience ne voulut pas, était démentie par je ne sais quoi d'auguste, de chrétien, qui surnaturalisait le tourment, et me crevait le cœur de compassion...

Le train se remit en marche et je n'entendis plus la terrible lamentation. J'avais des compagnons de voyage qui dormaient profondément et je me souviens qu'il me fallut quelque temps pour découvrir que ce sanglot avait été *pour moi seul.*

Plus tard je parcourus diverses provinces, l'Orléanais, la Touraine, le Périgord, l'Auvergne, les départements du Midi. Partout le miracle se renouvela. Partout le même sanglot dans la nuit profonde et la même profonde torpeur chez mes compagnons de voyage. Je finis par comprendre que c'était la grande France de jadis qui pleurait en moi, la pauvre vieille mère de tous les enfants de France !

IX

LA DOULEUR

LA DOULEUR (1)

Dans ce siècle si lâchement sensuel, s'il y a une chose qui ressemble presque à une violente passion, c'est la haine de la Douleur, haine si profonde qu'elle arrive à réaliser une sorte d'identité à l'être même de l'homme.

Cette vieille terre qui se couvrait autrefois de Croix partout où passaient des hom-

(1) Fragment d'un ouvrage inédit daté de 1879.

mes et qui *germinait,* comme dit Isaïe, le signe de notre Rédemption, on la déchire et on la dévaste pour la contraindre à donner le bonheur à la race humaine, à cette ingrate progéniture de la douleur qui ne veut plus souffrir.

S'il existe quelque chose d'universellement inflexible, c'est cette loi de la souffrance que tout homme porte en soi, juxtaposée à la conscience même de son être, qui préside au développement de sa libre personnalité et qui gouverne si despotiquement son cœur et sa raison, que le monde antique épouvanté, la prenant pour un aveugle Dieu de ses Dieux, l'avait adorée sous le nom terrible du Destin.

La simple vérité catholique est qu'il faut absolument souffrir pour être *sauvé* et ce dernier mot implique une *nécessité* telle que toute la logique humaine mise au service de la métaphysique la plus transcendante ne saurait en fournir l'idée.

L'homme ayant compromis sa destinée éternelle par ce qu'on appelle le Péché, Dieu veut qu'il entre dans l'ordre de la Rédemption. Dieu le veut infiniment. Alors s'engage une lutte terrible entre le cœur de l'homme qui veut fuir par sa liberté et le Cœur de Dieu qui veut se rendre maître du cœur de l'homme par sa puissance. On croit assez facilement que Dieu n'a pas besoin de toute sa force pour dompter les hommes. Cette croyance atteste une ignorance singulière et profonde de ce qu'est l'homme et de ce qu'est Dieu par rapport à lui. La liberté, ce don prodigieux, incompréhensible, inqualifiable, par lequel il nous est donné de vaincre le Père, le Fils et le Saint-Esprit, de tuer le Verbe incarné, de poignarder sept fois l'Immaculée Conception, d'agiter d'un seul mot tous les esprits créés dans les cieux et dans les enfers, de retenir la Volonté, la Justice, la Miséricorde, la Pitié de Dieu sur Ses Lèvres et de les empêcher d'en descendre sur sa création ; cette ineffable liberté n'est rien que ceci : le respect que Dieu a pour nous.

Qu'on essaie un peu de se représenter ce-

la : le *respect de Dieu !* Et ce respect est à
un tel point que jamais, depuis la loi de
grâce, Il n'a parlé aux hommes avec une
autorité absolue, mais au contraire avec la
timidité, la douceur et je dirai même l'ob-
séquiosité d'un solliciteur indigent qu'aucun dégoût ne serait capable de rebuter.
Par un décret, très mystérieux et très inconcevable, de sa volonté éternelle, Dieu
semble s'être condamné jusqu'à la fin des
temps à n'exercer sur l'homme aucun droit
immédiat de maître à serviteur, ni de roi à
sujet. S'il veut nous avoir, il faut qu'il nous
séduise, car si Sa Majesté ne nous plaît pas,
nous pouvons la rejeter de notre présence,
la faire souffleter, fouetter et crucifier aux

applaudissements de la plus vile canaille. Il ne se défendra pas par sa puissance, mais seulement par sa patience et par sa Beauté, et c'est ici le combat terrible dont je parlais tout à l'heure.

Entre l'homme revêtu involontairement de sa liberté et Dieu volontairement dépouillé de sa puissance, l'antagonisme est normal, l'attaque et la résistance s'équilibrent raisonnablement et ce perpétuel combat de la nature humaine contre Dieu est la fontaine jaillissante de l'inépuisable Douleur.

La Douleur! voilà donc le grand mot ! Voilà la solution de toute vie humaine sur la terre! le tremplin de toutes les supériorités, le crible de tous les mérites, le critérium infaillible de toutes les beautés morales ! On ne veut absolument pas comprendre que la douleur est nécessaire. Ceux qui disent que la douleur est utile n'y comprennent rien. L'utilité suppose toujours quelque chose d'adjectif et de contingent et la douleur est *nécessaire*. Elle est l'axe vertébral, l'essence même de la vie morale. L'amour se reconnaît à ce signe et quand ce signe lui manque, l'amour n'est qu'une prostitution de la force ou de la beauté. Je dis que quelqu'un m'aime, lorsque ce quelqu'un accepte de souffrir par moi ou pour moi. Autrement ce quelqu'un qui prétend m'aimer n'est qu'un usurier sentimental qui veut installer son vil négoce dans mon cœur. Une âme fière et généreuse recherche la douleur avec emportement, avec délire. Lorsqu'une épine la blesse, elle appuie sur cette épine pour ne rien perdre de la volupté d'amour qu'elle peut lui donner, en la déchirant plus profondément. Notre Sauveur Jésus, Lui, a tellement souffert pour nous qu'il a fallu très certainement qu'il se fît un accommodement entre son Père et Lui pour qu'il nous fût permis, dans la suite, de parler seulement de Sa Passion et pour que la simple mention de ce Fait ne fût pas un blasphème d'une énormité à faire tomber le monde en poussière !

Eh bien ! nous sommes, quoi ! Seigneur

Dieu ! Les MEMBRES de Jésus-Christ ! Ses membres mêmes ! Notre misère inénarrable est de prendre sans cesse pour des figures ou des symboles inanimés les énonciations les plus claires et les plus vivantes de l'Ecriture. Nous croyons, mais non pas *substantiellement*. Ah ! les paroles de l'Esprit-Saint devraient entrer et se couler dans nos âmes comme du plomb fondu dans la gueule d'un parricide ou d'un blasphémateur. Nous ne comprenons pas que nous sommes les membres de l'*Homme de douleur*, de l'Homme qui n'est Joie, Amour, Vérité, Beauté, Lumière et Vie suprêmes que parce qu'il est l'Amant éternellement éperdu de la suprême Douleur, le Pèlerin du dernier supplice, accouru pour l'endurer, à travers l'infini, du fond de l'éternité et sur la tête de qui se sont amoncelés en une unité effroyablement tragique de temps, de lieu et de personne, tous les éléments de torture, amassés dans chacun des actes humains accomplis dans la durée de chaque seconde, sur toute la surface de la terre, pendant soixante siècles !

Les Saints ont vu que la seule révélation d'une seule minute de la souffrance de l'enfer serait capable de foudroyer le genre humain, de dissoudre le diamant et d'éteindre le soleil. Or, voici ce que déduit la raison toute seule, la plus débile raison qui puisse palpiter sous la lumière divine :

Toutes les souffrances accumulées de l'enfer pendant toute l'éternité sont en présence de la Passion *comme si elles n'étaient pas,* parce que Jésus souffre dans l'Amour et que les damnés souffrent dans la Haine ; parce que la douleur des damnés est finie et que la douleur de Jésus est infinie ; parce qu'enfin, s'il était possible de supposer que quelque excès a manqué à la douleur du Fils de Dieu, il serait également possible de croire que quelque excès a manqué à Son amour, ce qui est évidemment absurde et blasphématoire puisqu'Il est l'Amour lui-même.

Nous pouvons partir de là pour mesurer toutes choses. En nous déclarant membres de Jésus-Christ, l'Esprit-Saint nous a revêtus de la dignité de Rédempteurs et, lorsque nous refusons de souffrir, nous sommes exactement des simoniaques et des prévaricateurs. Nous sommes faits pour cela et pour cela seul. Lorsque nous versons notre sang, c'est sur le Calvaire qu'il coule et de là sur toute la terre. Malheur à nous par conséquent, si c'est un sang empoisonné ! Lorsque nous versons nos larmes qui sont « le sang de nos âmes », c'est sur le cœur de la Vierge qu'elles tombent et de là sur tous les cœurs vivants. Notre qualité de membres de Jésus-Christ et de fils de Marie nous a faits si grands que nous pouvons noyer le monde dans nos larmes. Malheur donc et trois fois malheur sur nous si ce sont des larmes empoisonnées ! Tout en nous est identique à Jésus-Christ à qui nous sommes naturellement et surnaturellement configurés. Lors donc que nous refusons une souffrance, nous adultérons autant qu'il est en nous notre propre essence, nous faisons entrer dans la Chair même et jusque dans l'Ame de notre Chef un élément profanateur qu'il lui faut ensuite expulser de Lui-même et de tous ses membres par un redoublement inconcevable de tortures.

Tout cela est-il bien clair ? Je n'en sais rien. Le fond de ma pensée est que dans ce monde en chute toute joie éclate dans l'ordre naturel et toute douleur dans l'ordre divin.

En attendant les assises de Josaphat, en attendant que tout se consomme l'exilé du Paradis ne peut prétendre qu'au seul bonheur de souffrir pour Dieu. La généalogie des vertus chrétiennes a poussé ses premières tiges dans la Sueur de Gethsémani et dans le Sang du Calvaire. Saint Paul nous crie que nous ne devons connaître que Jésus crucifié et nous ne voulons pas le croire. Nous oublions sans cesse que nous n'avons qu'un seul type pour tout concevoir et pour tout expliquer dans la vie morale et ce Type c'est la Douleur même, l'essence divinement condensée de toute douleur imaginable et inimaginable, contenue dans le vase humain le plus précieux que la Sagesse éternelle ait jamais pu concevoir et former.

Le point de vue qui doit tout embrasser et tout résumer à la fin dans les trois ordres de nature, de grâce et de gloire est d'une simplicité absolue et presque monotone à force de sublimité : la Pureté même, c'est l'Homme de douleurs ; la Patience même, c'est l'Homme de douleurs ; la Beauté, la Force infinies, c'est l'Homme de douleurs ; l'Humilité, qui est le plus insondable des abîmes, et la Douceur, plus vaste que le Pacifique, c'est encore Lui ; la Voie, la Vérité, la Vie, c'est toujours Lui ; *omnia in ipso constant*. Du haut de cette Montagne symbolisée, à ce qu'il semble, par la montagne de la Tentation, on découvre tous les empires, c'est-à-dire toutes les vertus morales invisibles de tout autre point, et l'amour seul, le grand, le passionné, le ravissant Amour peut donner des forces pour y parvenir.

Les Saints ont recherché la société de la Passion de Jésus. Ils ont cru la Parole du Maître quand Il dit que celui-là possède le plus grand amour qui donne sa vie pour ses amis (1). Dans tous les temps les âmes ardentes et magnifiques ont cru que pour *en faire assez*, il fallait absolument *en faire trop*, et que c'était ainsi que l'on ravissait le Royaume des Cieux...

(1) S. Joan., XV, 13.

X

LE CANON

LE CANON

Pendant que j'écris, j'entends le canon. Le vent m'en apporte le bruit de très loin. Quoique très sourds, les coups sont distincts et je me dis qu'à chaque fois, c'est la mort d'un grand nombre d'hommes qui m'est annoncée.

C'est un tourbillon d'âmes, désolées ou joyeuses, qui passent à côté de moi, chacune allant en son lieu, *in locum suum*, selon l'expression redoutable du Livre saint parlant de Judas. Car il est connu que les âmes des morts savent aussitôt où elles doivent aller, et qu'elles s'y précipitent comme la foudre.

La mienne les suivra-t-elle bientôt? C'est Dieu qui le sait. Nul ne peut me dire mon heure ni mon lieu. En attendant je suis pesamment, douloureusement obsédé par ces multitudes émigrant vers l'Inexploré, qui s'écoulent en torrents tout près de la table où je m'efforce d'écrire pour la consolation de quelques vivants qui seront bientôt, eux aussi, des morts.

Jamais il ne s'en était vu un nombre aussi

prodigieux. C'est l'œuvre du canon, souverain pourvoyeur des gouffres de ténèbres et des gouffres de la lumière. Cette chose de Caïn n'existait pas, il y a cinq cents ans, et l'outillage de Napoléon à Wagram ou Waterloo, quand on le compare à ce qui est aujourd'hui, fait grande pitié.

A vant le canon, c'était un labeur énorme d'exterminer une armée. Le pain du massacre se mangeait à la sueur du front des mercenaires. Maintenant on peut détruire cinquante mille hommes en quelques heures et recommencer le lendemain. Ce n'est qu'un émiettement, un grignottement de conséquence presque nulle, à considérer la masse infinie des combattants de toute la terre armés ensemble contre une nation exécrée.

L'extermination viendra quand même, elle viendra comme la Volonté divine sur les flots de la mer ou sur le dos des montagnes qui se déplaceront, s'il le faut, à l'instar des plus dociles éléphants; mais, jusqu'à nouvel ordre, la parole sera au canon. Je dis jusqu'à nouvel ordre, parce qu'il y a le Miracle que Dieu se réserve pour le mettre en la main de Celui qu'il veut envoyer au moment précis. Jusque-là le canon réduira en poussière hommes et choses, au point de n'en laisser que l'apparence dans la mémoire des survivants, n'étant lui-même, l'effrayant canon, qu'une apparence plus monstrueuse que toutes les autres, et devant, un jour, être dissipée à la prière balbutiée d'un petit enfant.

... Et la cohue des âmes se précipite, passant toujours à côté de moi, comme si j'étais seul à penser à elles, à me souvenir, avec une larmoyante compassion, des pauvres corps qu'elles ont quittés tout à l'heure et qu'elles ne retrouveront qu'au moment de la Résurrection universelle.

Le vacarme du canon lointain continue, semblable au bruit d'un pilon énorme répercuté par des falaises colossales. C'est quelque chose comme le *mea culpa* de la France, le *Confiteor* des blasphèmes, des infidélités, des lâchetés, de l'ingratitude infinie du peuple de la Reine douloureuse, et on ne voit pas le terme de cette pénitence. Tout ce qu'on voit et tout ce qu'on entend, c'est le canon, l'homicide canon, infatigable et piaculaire.

Piaculaire, sans doute, mais sans beauté. Le châtiment ne conviendrait pas s'il était accompagné de magnificence. Le canon est une invention de la mécanique. Il est laid et bête autant que redoutable. Tuant les hommes à distance, il met à néant les plus nobles emportements du courage humain. Des soldats au cœur sublime sont frappés à mort avant d'avoir aperçu l'ennemi. Tout ce qu'il pouvait y avoir de beauté dans les guerres antérieures a disparu. L'héroïsme désormais consiste à endurer avec patience le froid, la faim, la pluie, la boue, l'ordure, l'atroce ennui et une mort sans gloire ni consolation. Une supérieure justice le veut ainsi et il faut bien y consentir.

Mais que deviendra l'histoire? Autrefois, il n'y a pas beaucoup plus d'un siècle, elle racontait des hommes tels que Lannes, Murat, Ney et cinquante autres, pour ne rien dire de celui qui les animait de son génie. Elle racontera des canons, et une hideur affreuse tombera sur l'âme humaine.

XI

LE MIRACLE

LE MIRACLE

Je viens de parler du Miracle, disant que Dieu le tient en réserve pour celui qu'il doit envoyer. Je sais bien que ce mot n'a aucun sens, qu'il ne signifie absolument rien aujourd'hui. Cependant je n'en ai pas d'autre.

Dieu est ou Dieu n'est pas. Si on veut concéder son existence, il faut nécessairement la concéder effective, en supposant une continuité infinie de la Création, ce qui implique l'omnipotence absolue dans le connu et dans l'inconnu, dans le visible et l'invisible. Si l'Acte créateur s'interrompait, à l'instant même le granit le plus dur et tous les métaux tomberaient en poussière, et cette poussière même ne subsisterait pas. Il n'y aurait plus rien. La nature entière s'évanouirait dans l'inintelligible néant. Si ce postulat n'est point admis, on est par force un athée ou un imbécile, deux équivalents, d'ailleurs, au point de vue esthétique. Mais cela est un hors-d'œuvre tout à fait rudimentaire.

Le miracle n'est pas à expliquer ni à justifier. Il est le bon plaisir de Dieu et cela suffit. Il lui plaît de contremander une apparence, de faire qu'un défunt redevienne un vivant, ou qu'un infirme soit soudainement guéri. Ce n'est pas pour lui un effort, et, pour ceux qui le connaissent, ce n'est pas une occasion d'étonnement. C'est comme un riche qui ferait de la monnaie pour la distribuer aux pauvres.

Il est tellement le Maître de tout, que les concepts humains de maîtrise ou de possession, quand on pense à lui, ne paraissent pas autre chose que le renversement d'une image imprécise dans un miroir sans limpidité. La Domination divine est parfaitement inappréciable, inconcevable, inconnaissable, et rien ne peut en donner l'idée.

Si on abuse de la parole au point de dire que tel personnage très puissant peut faire tout ce qu'il veut, la dérision intervient aussitôt, apportant le cercle infrangible de la Limite; et si on dit raisonnablement, humblement, la même chose de Dieu, il n'y a pas une créature humaine ou même angélique pour le comprendre.

L'intelligence la plus haute est dans l'incapacité absolue d'assimiler l'Infini. Il y a peu de mots aussi employés que celui d'éternité. Où est le monstre de génie qui entreprendra une explication quelconque de ce lieu commun? Ce qui n'a ni commencement ni fin! On sait par la foi et même par la raison que cela existe. On va jusqu'à savoir que cela seul existe réellement. Mais voilà tout. Au delà, c'est le mur d'airain où se brise toute force intellectuelle.

C'est le domaine de Dieu, le Jardin du Miracle, le parterre de la Rose Mystique. Les tout petits et les très humbles peuvent quelquefois en apercevoir d'infiniment loin les hautes futaies. Excessive condescendance du Maître et privilège rare parmi les plus rares. Ceux-là ne comprennent pas plus que les autres. Seulement le don des miracles leur est alors départi, comme un parfum révélateur, comme un atome de la poussière des fleurs inconnues.

Celui qu'il faut attendre, l'Étranger qui seul pourra mettre fin à l'incommensurable Tribulation sera certainement un homme d'éternité, en ce sens qu'il aura la permission de puiser au Réservoir du redoutable Jardin, non loin du très vieil Arbre de la Science, juste à l'endroit où tombait le Sang de la Main droite de Jésus, après qu'il eut été cloué à la Croix, face à l'Occident.

Que fera ce personnage effrayant à qui Dieu aura délégué sa puissance? Cela est aussi parfaitement ignoré que la discipline des nébuleuses. Tout ce qu'on peut dire, c'est que le miracle viendra au-devant de lui comme les petits oiseaux au-devant du Patriarche d'Assise, les créatures animées ou inanimées lui obéissant *ad nutum* avec une merveilleuse exactitude.

J'ai pensé bien souvent que l'extermination de la race vouée au Démon est une exigence divine, un préalable de l'inventaire du monde, car il y a beaucoup d'autres comptes à régler. Mais l'extermination de quatre-vingts millions d'hommes, est-ce possible? Assurément, un très petit souffle suffirait, et ce serait un moindre miracle que la conversion d'un seul mécréant. Le plus énorme canon, avec sa laideur et sa lourdeur, est moins formidable que l'insecte envoyé de Dieu. Il lui suffit de quelques heures pour transformer une bête gigantesque en un amas d'ossements. Tel pourrait être le destin de l'orgueilleuse brute allemande.

XII

LE DERNIER CRI

LE DERNIER CRI

Troisième anniversaire de la victoire de la Marne. Mêmes lieux communs que l'an passé et même inintelligence de l'événement, de tous les événements, quels qu'ils puissent être.

La France « éprise d'honnêteté » (1), voilà tout ce que j'ai pu attraper du discours d'apothéose d'un homme d'État parlant sur les tombes de nos combattants immolés. Il paraît que cette platitude étonnante suffit pour la gloire de notre patrie dans le passé et dans l'avenir.

Pas un mot de Dieu, bien entendu. Le comble du ridicule serait de rappeler que cette victoire inespérée coïncida avec la grande fête de la Nativité de Marie, qui pouvait bien l'avoir obtenue pour que son peuple si sévèrement châtié ne mourût pas. Mais qui pense à la Nativité de Marie ? Les généraux ont tout préparé, tout prévu et l'héroïsme des soldats a tout accompli. Supposer une intervention surnaturelle est offensant pour les uns et pour les autres.

Il faut reconnaître cependant que le mot

miracle n'est pas complètement inutilisé. Je l'ai lu, ce matin, dans une feuille. Seulement, c'est le miracle des adorateurs du hasard, dans son acception banale de chose imprévue, étourdissante, peu facile à expliquer, mais explicable tout de même, suppose-t-on, avec une certaine contention d'esprit.

Pour ce qui est du miracle au sens chrétien, du vrai miracle opéré de Dieu et tout à fait inexplicable, celui-là, on ne refuserait peut-être pas de l'admettre, s'il était visible et tangible, accompagné ou précédé de manifestations exorbitantes, le miracle enfin tel qu'il peut être conçu par les sauvages de la nature ou les nègres de la civilisation. On peut même dire que les prétendus miracles de la science le font désirer aujourd'hui à un grand nombre de malheureux. « Pourquoi Dieu ne se montre-t-il pas ? » C'est le cri d'une multitude, le dernier cri.

— Il se montrera, n'en doutez pas, beaucoup plus tôt que vous ne pensez, autrement que vous ne pensez, et vous pourriez bien en sécher d'épouvante, car votre appel n'est certes pas un cri d'amour. Le Dieu de Moïse et du Sinaï est devenu pour vous un pis-aller, un veau d'or préférable fabriqué dans les usines sulpiciennes, et que vous espérez revendre avec avantage à des idolâtres américains ou caucasiens, quand vous l'aurez suffisamment invoqué dans votre détressse. Vous l'invoquez à l'heure présente contre les ennemis visibles de la France, contre la mort qui menace vos enfants, contre la famine qui menace tout le monde, contre la misère ou l'excessive pénurie que vous préparâtes par votre égoïsme durant trois années d'avertissements inutiles. Mais vous ne l'invoquez pas contre vous-mêmes, en vous frappant la poitrine. Il ne tomberait pas dans votre pensée que Celui que vous appelez à votre aide, en l'avilissant de votre culte charnel, pourrait bien vous exterminer en même temps que les pires ennemis de son Nom et de sa Gloire, qui ne lui sont peut-être pas plus odieux que les prétendus fidèles qui le déshonorent.

Il est permis à un solitaire de parler aujourd'hui, 8 septembre, de la Nativité de Marie, Reine de France, Reine des miracles, Reine des Larmes. A-t-elle été assez hypocritement reniée, méprisée et insultée par son peuple depuis soixante-dix ans ! On dit vulgairement qu'un homme a le cœur gros quand il souffre de l'ingratitude. Le Cœur de Marie est plus pesant que tous les soleils de la voie lactée. Cependant elle pardonnerait encore aux évêques et aux prêtres qu'elle a nommés elle-même des « cloaques » ; elle pardonnerait à tous ceux qui se prétendent ses amis et qui ont permis qu'on l'outrageât ;

elle pardonnerait indéfiniment. Mais Celui dont elle est la Mère en a décidément tout à fait assez et cela commence à se voir. Si tous les coupables doivent être frappés, que restera-t-il ?

XIII

LA PUTRÉFACTION

LA PUTRÉFACTION

Il restera ceci : la putréfaction universelle. On a besoin de se rappeler l'importance infinie d'une *âme vivante*, importance telle qu'au lendemain d'un cataclysme, un seul homme épargné suffirait à l'intérim d'une génération. Cela, ai-je besoin de le dire ? doit être entendu au spirituel.

La population totale de notre globe est

évaluée à quatorze ou quinze cents millions d'individus. Combien d'âmes réellement vivantes dans ce grouillement d'êtres humains ? Une par cent mille, peut-être, ou par cent millions. On ne sait pas. Il y a des supérieurs, des hommes de génie même, si on veut, dont l'âme n'a pas été vivifiée et qui meurent sans avoir vécu. Un cœur simple dira chaque jour, en pleurant d'angoisse : « Où en suis-je avec l'Esprit de Dieu, l'Esprit-Saint ? Suis-je vraiment un vivant ou suis-je un mort à porter en terre ? »

C'est effrayant de penser qu'on subsiste au milieu d'une foule de morts qu'on croit des vivants ; que l'ami, le compagnon, le frère peut-être qu'on a vu ce matin et qu'on reverra ce soir, n'a qu'une vie organique, un semblant de vie, une caricature d'existence et qu'il est à peine distinct, en réalité, de ceux qui se liquéfient dans les tombeaux.

C'est intolérable de se dire, par exemple, qu'on a pu naître d'un père et d'une mère qui ne vivaient pas ; que ce prêtre que voici à l'autel n'est peut-être pas très différent d'un décédé et que le Pharmaque d'immortalité, le Pain qu'il a consacré pour que votre âme en reçoive la Vie éternelle, il va vous le donner d'une main de cadavre, en proférant d'une voix défunte les saintes paroles de la liturgie !

Ils fonctionnent pourtant, tous ces fantômes, avec une parfaite régularité. La messe de ce prêtre est valable autant que celle d'un saint. L'absolution qu'il donne aux pécheurs est certaine. La force de son ministère surnaturel demeure aussi longtemps que la mort n'a pas définitivement triomphé de lui. Et il en est ainsi de tous les demi-trépassés qui nous environnent et que nous sommes bien forcés d'appeler, par anticipation, des morts. On continue d'agir et même de penser mécaniquement avec une âme dénuée de vie.

Un corps valide et florissant peut être le tabernacle d'une âme putréfiée. Rien n'est moins rare que cette horreur. On connaît des saints qui ont eu le privilège terrifiant de subodorer les âmes. La Bergère de la Salette, Mélanie, en suffoqua, dit-on, toute sa vie. Pénitence d'enfer acceptée par elle et qu'il n'est pas possible d'envisager sans épouvante.

La putréfaction universelle consécutive aux châtiments effroyables qui dépeupleraient une partie de la terre peut donc s'entendre de la putréfaction des âmes. Quelques rares amis de Dieu doivent sentir dès à présent quelque chose de l'horrible odeur.

Il est certain que cette guerre interminable procurée par les démons a tellement abaissé les caractères qu'on peut dire que tous les cœurs traînent par terre. Pendant que les uns se font massacrer pour sauver autant qu'il se peut du patrimoine des siècles, les autres, en nombre infini, se bâtissent de confortables demeures avec les caillots desséchés du sang des victimes. L'avarice la plus féroce, la cupidité la plus insolente ont si complètement pris la place de tout ce qui faisait l'honneur du peuple, qu'on en est à se glorifier de faire fortune en assassinant la patrie déjà mutilée. Tout ce qui est matériellement *profitable* est respecté. La trahison même, avantageusement pratiquée par les habiles, est une auréole, et la guillotine pleure.

Il faudrait être privé de raison autant que de flair pour ne pas sentir que le corps social tout entier est une charogne semblable à celle de Baudelaire « d'où sortaient de noirs bataillons de larves » et dont « la puanteur était si forte que, sur l'herbe, *la bien-aimée crut s'évanouir* ». Cette abomination, qui ne peut plus être conjurée que par le feu, augmente chaque jour avec une effrayante rapidité. On s'y accoutume, la lâcheté des uns se faisant complice de la scélératesse des autres, et ceux qui devraient en avoir le plus d'horreur se résignant à la vermine en silence et les bras croisés. C'est la banqueroute des âmes, l'irréparable déficit de la conscience chrétienne.

Il est donc bien évident que Dieu va être forcé de *renouveler toutes choses,* car il n'y a vraiment pas moyen de subsister ainsi plus longtemps. Ceux d'entre nos morts qui sont entrés en victorieux dans la Vie éternelle, et tous les vieux saints de la France où on les honore depuis tant de siècles, ne souffriraient pas que se consommât l'empoisonnement d'une terre qui est l'apanage très particulier de Jésus-Christ. Ils entreprendraient je ne sais quoi. On verrait des choses à faire trembler ou pleurer d'amour, mais certainement inouïes et que nul n'aurait pu prévoir, prodromes certains de l'Avènement inimaginable.

XIV
L'AVÈNEMENT INIMAGINABLE

L'AVÈNEMENT INIMAGINABLE

C'est celui de la Troisième Personne divine, du Paraclet, du *Pneuma*, comme disent les Grecs, du Souffle inspirateur qui est au commencement de toute vie et par lequel tout doit être consommé. C'est l'avènement de l'Esprit-Saint attendu par toute créature capable de gémir et d'enfanter.

Il est écrit en propres termes que cet adorable Esprit, considérant que nous ne pouvons pas savoir ce qu'il nous faut demander ou désirer, « postule pour nous avec des gémissements inénarrables ». « L'Esprit souffle où il veut », a dit Jésus, « et tu entends sa voix, mais tu ne sais d'où il vient, ni où il va. »

L'Esprit de Dieu et les créatures gémissent donc ensemble, celles-ci parce qu'elles souffrent de leur dégradation ou de leur exil, Celui-là parce qu'il attend, avec une impatience infinie, l'accomplissement de notre Rédemption, accomplissement incompréhensible qui ne peut être opéré que par lui.

Mais il est captif, tout Dieu qu'il est. On

a comme « l'intuition d'une sorte d'impuissance divine *provisoirement* concertée entre la Miséricorde et la Justice en vue de quelque ineffable récupération de Substance dilapidée par l'Amour (1) ». Il est captif, inconcevablement, jusqu'à l'heure où il régnera tout à coup. Heure sublime qui étonnera toutes les horloges et que l'univers attend depuis des milliers d'années.

Voyez-vous, au fond du ciel nocturne, cette étoile presque imperceptible qui ressemble à une goutte de rosée ou à une petite larme lumineuse. C'est un soleil colossal, centre d'attraction probable pour d'énormes globes invisibles. Lui aussi

(1) *Le Désespéré*, par Léon Bloy.

attendait l'heure et il a peut-être fini par s'éteindre, à force d'attendre, ne nous laissant que l'illusion de sa lumière à la distance d'un nombre incroyable de milliards de lieues. S'il en est ainsi de cette créature inanimée, que faut-il penser du crève-cœur de l'humanité et de tant de générations qui ont attendu en gémissant ou en blasphémant, sans même savoir ce qu'elles attendaient ?

Les Patriarches, les Prophètes, les Saints ont attendu l'Heure divine. Les scélérats aussi et tous ceux d'en bas l'ont attendue également, parce qu'il n'était pas possible de ne pas l'attendre. Ceux qui pleuraient et ceux qui faisaient pleurer l'ont attendue, les uns parce qu'ils en espéraient leur consolation, les autres parce que leurs âmes perverses comptaient sur elle pour une augmentation de leur pouvoir de faire pleurer. Car tous, sans y rien comprendre, pressentaient le Dieu des Larmes.

Le Dieu des Larmes ! Que signifient ces deux mots et qui est ce Dieu ? Nul autre que l'Esprit-Saint. C'est par lui qu'on est vivant et les larmes sont le signe de sa présence. Malheur à celui qui ne pleure pas. Les larmes sont l'huile de ces lampes que les vierges de l'Évangile ne doivent pas laisser s'éteindre, de peur que l'Époux survenant au milieu de la nuit ne leur dise : « Je ne vous connais pas ». Les larmes sont tellement le don de l'Esprit-Saint qu'elles ne peuvent pas couler sans que Dieu s'approche, puisqu'il a dit qu'il viendrait les essuyer lui-même de tous les yeux. Elles sont si précieuses qu'il n'est pas permis de les répandre en vain.

— Ah ! Seigneur, donnez-moi de pleurer dans ma veille et dans mon sommeil, de pleurer toujours, comme faisait votre prophète. Si mes larmes ne sont pas pures, changez-les en sang, et si ce sang ne vaut rien, qu'elles deviennent des ruisseaux de feu ; mais, n'importe comment, faites que je pleure, puisque c'est le moyen d'être bienheureux, l'infaillible secret d'attirer le Consolateur ! Considérez la multitude infinie des hommes qui ont pleuré depuis le commencement des siècles. Je sais bien que beaucoup de leurs larmes étaient en vain. Il y avait les larmes de l'orgueil et les larmes de la concupiscence ; il y avait celles de la haine et de la colère. Mais il y avait et il y a toujours les larmes de la Douleur que vous épousâtes par amour. Leur abondance est comme le Déluge, et votre Esprit plane sur ces eaux comme autrefois, quand vous n'aviez pas encore créé le monde.

Sans doute il faut attendre et toujours attendre, je l'ai beaucoup dit. Cependant l'heure attendue ne peut pas être bien éloignée maintenant. Il n'y a plus d'espérance humaine. Les aveugles s'en aperçoivent enfin et les pires brutes commencent à sentir la nécessité d'un renouveau. Il faut que tout meure ou que tout change. On est à l'automne du monde. La végétation des âmes est interrompue et l'hiver approche avec toutes les épouvantes. Mais le changement nécessaire, universel, à opérer par l'Esprit-Saint, est absolument inimaginable... Rien ne peut en donner l'idée dans le cours entier de la symbolique histoire, et les similitudes les plus audacieuses proclament leur inanité. « Ce que l'œil n'a pas vu, ce que l'oreille n'a pas entendu, ce qui ne peut monter dans le cœur de l'homme... » Voilà tout ce qu'on sait, tout ce que donne la Révélation, et les rares âmes qui *vivront* encore demain ou après-demain trembleront comme on n'a jamais tremblé.

Quelques-unes sont désignées pour trembler d'amour : celles que le Paraclet a choisies lui-même en leur construisant un cœur merveilleux. Je connais une chrétienne qui est ainsi. Elle ne se croit pas meilleure que les plus viles et peut-être a-t-elle raison, au sens humain. Mais le Consolateur l'a élue et il n'y a rien à dire à cela. C'est le bon plaisir du Maître qui fait son délice de déconcerter la Sagesse et qui se réjouit d'accabler de sa préférence ceux qui s'en croiraient le plus indignes. « Si tu savais la joie que je donne », leur dit-il, « et le goût délicieux du Saint-Esprit ! »

XV

LA FRONTIÈRE

LA FRONTIÈRE

C'est l'immense champ des morts. C'est le cimetière prodigieux où reposent les victimes de la guerre infernale. On commence à ne plus pouvoir les compter. C'est la limite actuelle de la France, de l'Alsace à la mer du Nord. Au delà, c'est le monde barbare.

Quand on pense à la mystérieuse Personne du Saint-Esprit, on pense nécessairement aux morts, car ce Dieu des larmes est le Dieu des morts. Le sombre Pluton de la mythologie n'était qu'une déformation idolâtrique et fort obscure de cette idée aussi ancienne que le genre humain.

C'est la croyance universelle des chrétiens que les reliques des « bienheureux morts dans le Seigneur » sont l'habitacle de Celui qui doit les ressusciter un jour, et il est raisonnable de supposer sa présence, ici ou là, parmi tant d'ossements immobiles. Combien sont-ils ceux, qui donnèrent leur vie terrestre pour défendre ce qui restait de la Vie divine dans leur patrie malheureuse ! Nous le saurons quand il plaira au Maître de nous le dire.

Mais, je le répète, voici la frontière, en attendant qu'il devienne possible de la dépasser. Chrétiens ou mécréants tombés dans les batailles dorment là, pêle-mêle pour la plupart, au milieu de paysages effroyablement ravagés. Quelques isolés ont une pauvre croix de bois obtenue de la charité de leurs camarades survivants. C'est affaire à l'Esprit de Dieu de reconnaître les siens.

Il est raconté dans la merveilleuse *Vie* d'Anne Catherine Emmerich, qu'étant tout enfant, lorsqu'elle traversait le cimetière de son village, elle avait, près de certaines tombes, le sentiment de la lumière, de la bénédiction surabondante et du salut ; près d'autres, celui de divers degrés de pauvreté ou d'indigence ; mais, dans le voisinage de quelques-unes, elle était remplie d'épouvante et d'horreur.

Que n'eût-elle pas éprouvé, la sainte fille, dans cette prodigieuse nécropole ? Une incomparable pitié, sans doute, avec des sursauts d'immense terreur, mais quelquefois aussi l'éblouissement de la présence du Consolateur. Il est fidèle, Celui-là, et Il n'abandonne pas ceux qui, lui ayant donné leur confiance quand ils paraissaient vivre sur la terre, ont été gémir avec lui dans la Profondeur.

J'ai pensé souvent que le troublant *Ci-gît* qu'on peut lire sur tous les tombeaux devrait être entendu au surnaturel, la méditation amoureuse excluant l'idée d'abandon ou de solitude pour tel ou tel gisant du sépulcre. Qui sait si l'Esprit-Saint n'est pas sur les restes périssables de ce trépassé, avec la colonne de lumière invisible manifestée à la voyante de Dulmen?

L'Église militante prie pour tous les défunts, sous cette réserve inexprimée de l'élection directe et plénière de quelques-uns qu'elle ne connaît pas, mais le Consolateur qui prie avec elle se plaît quelquefois à les désigner par des signes miraculeux. On ne sait pas ce que peut contenir cet interminable champ de mort qui est devenu notre frontière. Toujours est-il que les barbares ne parviennent pas à le franchir. Dieu voudra peut-être que du milieu de tous ces guerriers immobiles surgisse tout à coup l'Exterminateur dont nul ne peut dire si c'est un vivant ou si c'est un mort.

XVI
COMMÉMORATION

COMMÉMORATION

Sans doute, il y a celle de tous les défunts qui est une des grandes solennités de l'Eglise. C'est ce qu'on nomme vulgairement le Jour des Morts, et il est difficile de ne pas s'en souvenir quand on visite un cimetière, surtout un tel cimetière. La plupart des morts, si facilement oubliés par leurs plus proches, dès le lendemain, n'ont que ce seul jour pour espérer un peu d'assistance dans l'incompréhensible tribulation de l'autre vie. Mais ce n'est pas à cette commémoration que je pense.

Il en est une autre dont peu de chrétiens paraissent avoir le souci. C'est la commémoration des Larmes de Marie, quand elle pleura sur la montagne de la Salette, le 19 septembre 1846. L'Église elle-même a l'air d'avoir oublié cet événement inouï. Le missel romain a, le 11 février, une messe commémorative de l'Apparition de Lourdes, laquelle semblait consolante exclusivement, n'accusant ni ne menaçant personne. L'Apparition de la Salette, antérieure de douze ans, n'a rien obtenu. Le miel de la dévotion moderne y rencontrait trop d'amertume, et la Sainte Vierge, annonçant les malheurs terribles que nous commençons seulement à subir, en donnait pour cause flagrante l'indignité criminelle des personnes consacrées à Dieu. Cela ne pouvait pas être supporté. Le pharisaïsme protesta et un silence impénétrable fut établi.

Cependant il y eut des âmes qui refusèrent d'oublier. Il y en a encore, et celles-ci, mieux que les autres, à l'exclusion même de toutes les autres, peuvent sentir la nécessité et l'imminence de l'accomplissement des menaces. Il est évident pour elles que le torrent ne peut plus être arrêté. Il est trop tard même pour le repentir. Tout ce qu'on peut, c'est d'accepter humblement la souffrance extrême, l'ignominie parfaite, la mort sans gloire.

Les Paroles de la Mère de Dieu qu'on croyait si bien avoir effacées apparaissent aujourd'hui en lettres de feu et de sang plus hautes que les cathédrales insultées par les barbares. Ces Paroles qui n'eussent été que maternelles si on avait voulu les écouter, sont devenues implacables et dévorantes. On peut les lire surtout de l'effrayant cimetière. Car il est bien permis de remarquer en passant que la Sainte Vierge, Épouse mystique du Paraclet, doit nécessairement régner avec Lui sur l'immense empire des défunts. Le *Regina mortuorum* est sous-entendu dans ses Litanies.

Les prétendus vivants ou chefs de vivants s'étant crevé les yeux pour ne pas voir, il n'y a plus même l'espérance dérisoire d'un mouvement de contrition apparente qui rappellerait les repentirs intermittents du Pharaon promettant la liberté au Peuple hébreu, lorsqu'une plaie trop insupportable accablait l'Egypte. Nos évêques, dont la désobéissance a tant aidé l'infâme Guillaume à tuer la France, en sont venus à ne plus même sentir le châtiment et se sont endurcis comme des démons.

Voici ce que m'écrivait un religieux en 1912 :

« Depuis plus de soixante ans, les chefs de l'Église de France récusent avec une obstination diabolique le Message miséricordieux de la Reine du Paradis qui nous l'apporta en pleurant, afin que les ministres de Dieu l'enseignassent à tout le peuple chrétien... — Si vous trouvez trop pesant le Bras de votre Fils, ont répondu nos pasteurs, eh bien, ne le retenez pas plus longtemps et qu'il nous écrase ! Nous préférons les catastrophes inconnues dont vous nous menacez et qui paraissent, chaque jour, plus prochaines, à l'humiliation de faire passer votre Message à votre peuple. Submergez, si vous le voulez, la Chrétienté dans l'océan de toutes les douleurs; broyez-la sous l'avalanche des plus inimaginables calamités; mais tenez pour assuré que nous ne vous obéirons jamais, parce que vous nous avez manqué de respect. »

En 1917, on pourrait croire qu'ils ont au moins changé de langage. Ce serait mal connaître l'orgueil sacerdotal, le plus invincible qui soit au monde. C'est exactement le contraire qui est arrivé. A la Salette même, à l'endroit précis où la Mère de Dieu a parlé, il ne se passe pas un jour où Elle ne reçoive un démenti formel de la bouche d'un des chapelains de la Basilique chargé par ses supérieurs de débiter aux pèlerins le récit de l'Apparition, en ayant soin de les mettre en garde contre le Message lui-même qu'ils suppriment, le dénonçant comme une imposture!...

Les auditeurs venus quelquefois de très loin et qui peuvent avoir encore dans les oreilles le bourdonnement des canons, doivent s'étonner de cet escamotage cynique des menaces — *vérifiées* déjà — de la Sainte Vierge et de la monstrueuse élimination de son « pressant appel aux vrais disciples du Dieu vivant »...

J'ignore ce que peuvent espérer ces pharisiens qui diraient à Dieu lui-même : « Tu as menti ! », mais je sais qu'il est impossible de les surmonter. L'orgueil à son paroxysme engendre nécessairement la stupidité. Il n'y a rien à faire avec de telles brutes approuvées et encouragées par l'épiscopat tout entier.

Il n'est pas croyable cependant que la Mère de Dieu ait pleuré en vain. Il doit y avoir dans le fait de la Salette quelque chose d'énormément mystérieux, que nous ne pouvons pas savoir. « La Salette mènera le monde », a dit le curé d'Ars qui était incontestablement un prophète. Cet événement unique dans l'histoire a dû correspondre à quelque disposition très particulière de l'inscrutable Volonté divine, et la silencieuse désobéissance, le mépris insultant des serviteurs infidèles, était sans doute une prévarication aussi nécessaire que la perfidie juive le fut autrefois, pour l'accomplissement des desseins prodigieux qui nous sont cachés.

XVII

LE DÉSASTRE INTELLECTUEL

LE DÉSASTRE INTELLECTUEL

L'énorme crime de la désobéissance universelle des prêtres et des princes des prêtres est-il contrebalancé du moins, si peu que ce soit, par l'indignation des autres?

Quelqu'un dans le vaste monde chrétien a-t-il élevé la voix pour protester contre le silence monstrueux?

Depuis le commencement de la guerre, des

livres innombrables ont été écrits et publiés. Bien ou mal et le plus souvent très mal, ils ont tout dit, excepté la seule chose qu'il y eût à dire. S'adressant à un peuple sans Dieu, comment auraient-ils pu lui parler d'un Dieu qu'ils ignorent et surtout d'une Vierge douloureuse dont l'Apparition et le Message leur ont été si parfaitement cachés ?

Ils ne savent absolument rien, ces pauvres auteurs, n'ayant pas même le pressentiment obscur de ce qui les dépasse. Ils vont au public comme les pourceaux vont au bourbier, et rien n'est changé de ce qui fut avant la guerre, dont ils profitent maintenant pour l'étalage réassorti de leur ténébreuse vacuité. Métier lucratif pour quelques-uns qui ne sont pas étouffés par leur conscience et qui jugent que tout va très bien quand leurs tristes livres se sont bien vendus.

Je ne veux en nommer qu'un, parce qu'il paraît avoir eu plus de succès que tous les autres ensemble, et qu'il révèle plus nettement qu'aucun autre le niveau intellectuel de la multitude. C'est *Le Feu* par Henri Barbusse, écrivain que je ne connais pas et dont je n'avais jamais ouï parler.

(*Journal d'une escouade*), est-il ajouté entre parenthèse. Non satisfait de ce sous-titre véridique, l'éditeur astucieux a imprimé en grosse vedette le mot *roman* qui est un mensonge pour allécher les concupiscents.

Ce *Feu* est un triomphe de librairie. On dit qu'il s'en est vendu beaucoup plus de cent mille exemplaires, chiffre déconcertant qui me fait penser au fracas soudain et inattendu de l'*Assommoir*, il y a quelque 40 ans. Les deux livres ont plus d'un point de ressemblance.

Barbusse a compris comme Zola que la démocratie étant la reine du monde, il convenait de lui parler sa langue, fort enrichie d'ailleurs depuis l'*Assommoir*, et comme Zola encore il enseigne avec autorité que c'est l'unique moyen de ne pas mentir. « Je mettrai les gros mots à leur place », dit-il, « et parce que c'est la vérité ». Il serait certainement inutile de demander à de tels hommes ce qu'ils entendent par la Vérité qui est un des Noms redoutables du Fils de Dieu, mais qui ne signifie pour eux qu'une exactitude phonographique. Le succès immense de Zola fut révélateur de l'état des âmes à son époque, et celui de Barbusse illumine à son tour l'effrayante caverne où elles croupissent aujourd'hui ; car la profonde histoire d'un peuple est dans sa langue.

Mais il y a bien autre chose, il y a la négation formelle de Dieu ou plutôt le rabâchage des lieux communs de la plus abjecte puérilité : « Je ne crois pas en Dieu à cause de la souffrance. Je ne crois pas en Dieu à cause du froid. Pour croire en Dieu, il faudrait qu'il n'y eût rien de ce qu'il y a. » Ainsi parlent des malheureux, des mutilés. « Ces hommes en débris, ces vaincus isolés », ajoute l'auteur, « ont un commencement de révélation... On voit la vérité sur eux face à face!! » C'est tout juste le niveau d'Émile Zola.

S'il n'y avait que les « gros mots » dont l'emploi est malheureusement continuel, on pourrait encore les accepter. Ils sont quelquefois inévitables, irremplaçables, mais il y a l'argot atroce des tranchées, la déformation hideuse de la langue française correspondante à la déformation totale de la pensée. Et cela vraiment est insupportable, d'autant plus que l'auteur est évidemment un écrivain qui sait son métier, un écrivain de talent, je ne crains pas de le dire. Oh ! ça ne va pas bien haut, ce talent-là, ça ne crève aucun plafond, mais il y a souvent le mot juste, quelquefois même le mot puissant, et on sent qu'il pourrait mieux faire.

Il y a l'épisode du bon mineur Poterloo, il y a l'idylle de Paradis décrottant avec piété les bottines d'une jeune fille qu'il n'a jamais vue. Il y a la permission d'Eudore et le poème des pauvres soldats humiliés parmi les bourgeois au Café des Fleurs, passage qu'eût envié Flaubert. Il y a même un certain caporal Bertrand qu'on nous érige en prophète et qui vaticine des lieux communs éculés. Celui-là du moins parle français.

Une chose dont on est frappé tout de suite, c'est le respect de la censure pour ce gros volume. Pas une ligne, pas un mot supprimés. Les censeurs qui blanchissent avec tant de facilité des pages entières presque partout, dans l'intérêt supérieur de la défense nationale, n'ont rien trouvé à blâmer dans ce *Journal d'une Escouade* que des centaines de mille hommes ont pu lire et qui est précisément le livre le plus démoralisant qui puisse être lu par des soldats.

De la première page à la dernière, nulle autre préoccupation, nul autre prône que l'horreur infinie de la guerre, non de cette guerre infâme, avilie et prostituée par les Allemands, mais de la guerre en soi, juste ou injuste, quels que puissent être la noblesse, l'héroïsme, la sainteté même des guerriers. « *Honte à la gloire militaire,* honte aux armées, honte au métier de soldat ! » Je ne refuse pas absolument d'admettre le patriotisme de Barbusse et je veux même lui supposer de bonnes intentions, puisqu'il croit à la fin prochaine des guerres et à la fraternité de tous les peuples, mais comment croire à la vigilance d'une censure qui laisse passer de telles choses ?

L'aveuglement universel est si complet, qu'on a parlé de cet écrivain comme d'un homme de *génie*! Il s'est trouvé des plumes pour écrire cela. Le malheureux doit en être singulièrement gêné. Trop intelligent pour ignorer que le génie ne se tire pas à cent mille et que le suffrage multitudinaire est aussi déshonorant pour le penseur que pour l'écrivain, il est pourtant bien forcé de s'avouer à lui-même qu'il a voulu cette pauvre gloire en prostituant à la fois sa pensée et la forme de sa pensée. Les juges les moins sévères seront dans la nécessité de conclure qu'il savait très bien ce qu'il faisait en habillant des plus sales guenilles de la langue les mensonges humanitaires les plus décriés.

Quel moyen pour lui de relire sans honte

son dernier chapitre intitulé *l'Aube,* où les survivants d'un déluge qui a noyé les tranchées et les canons devisent entre eux dans la boue, en répétant à satiété : « Il ne faut plus de guerre après celle-là... Il faut tuer la guerre... Le principe de l'égalité doit tuer la guerre... », etc.

Le livre finit sur ce postulat d'imbéciles, mais l'auteur, dira-t-on, a trouvé ce qu'il cherchait : les grands tirages et les droits d'auteur.

Nous voilà furieusement loin de la Salette et de toute considération religieuse. Je ne pensais guère à parler ici de ce livre que je déplore autant qu'un désastre qui aurait coûté la vie à cent mille hommes, mais il fallait montrer en pleurant l'énorme distance où nous sommes de ce qui aurait pu nous sauver, et où trouver une plus terrible preuve de notre détresse que ce document apporté par un témoin des pires souffrances qui semble n'avoir pas même cherché dans son cœur une parole de compassion réconfortante, ni dans son cerveau une pensée de consolation grandiose.

Et maintenant vous pouvez pleurer, toujours pleurer, ô Douloureuse Marie, sur votre montagne. Vous n'avez plus de peuple et vous n'avez plus d'enfants. Un grand nombre de ceux qui auraient pleuré avec vous sont morts et les autres vous ont reniée ou ne veulent pas vous reconnaître.

Il n'y a pas pour vous la moindre place dans ce livre qui est pourtant un livre de douleur, un récit cruel de la souffrance des petits de votre Douleur. Celui qui l'a écrit est précisément un de ceux-là. Il ne peut pas cependant vous ignorer tout à fait, puisqu'il est chrétien et qu'il fut élevé comme un chrétien. Mais il vous a reniée après tant d'autres, ne voulant pas même savoir s'il existe un Dieu.

Qu'allez-vous faire ? Je sais que vous ne pouvez plus vous opposer au déchaînement de la Colère, mais je sais aussi que vous ne pouvez pas non plus accepter que tous vos enfants périssent. Qu'allez-vous faire ? Descendrez-vous de votre montagne pour venir pleurer à toutes les portes comme une vagabonde malheureuse? Recommencerez-vous ainsi votre imploration inutile de Bethléem, lorsque vous cherchiez un abri quelconque pour enfanter le Rédempteur? Les ministres de Dieu vous rebuteraient avec ignominie. Les chrétiens et les chétiennes qui font profession de vous honorer dans les églises vous accuseraient d'imposture et les superbes athées, qui pensent avoir effacé leur caractère baptismal, vous jetteraient à la face leur intellectualité de vomissement. O ma Dame de Compassion et ma Souveraine en pleurs, il faut décidément nous laisser mourir.

XVIII

UN SOLÉCISME

UN SOLÉCISME

Je ne peux pas en prendre mon parti. Il m'est impossible de supporter cela plus longtemps. J'entends tout le monde parler de la *guerre* cent fois par jour et je ne vois personne s'étonner ni s'indigner de la monstrueuse prostitution de ce mot.

Des cambrioleurs immondes se sont introduits dans ma maison pour me dépouiller et m'assassiner. Je me défends comme je peux contre ces bandits, et on appelle cela la *guerre*. Si ma femme et mes enfants périssent dans le combat, si ce que j'ai de plus précieux est détruit, on dira que tels sont les accidents inséparables de l'état de guerre. Si les assassins se fatiguant avant moi et désespérant de me vaincre demandent une trêve, sans réparation d'aucune sorte, uniquement en vue de se refaire pour un nouvel assaut, on dira que je suis déraisonnable de la refuser et que l'extermination des scélérats, seule capable de me satisfaire, est une exigence barbare. Je serai appelé en conciliation et probablement blâmé par un juge intègre qui me reprochera l'exorbitance de mon caractère vindicatif. Étant juge de paix, il me parlera naturellement de la guerre. Je finirai par être le coupable.

Appartenant à une génération qui se souvenait encore de la grande épopée de Napoléon, rempli dès mon enfance des souvenirs les plus glorieux, la méconnaissance actuelle de toute grandeur militaire est déjà pour moi une aberration indicible, mais cet avilissement complet de ce qu'il y a de plus beau dans l'histoire de notre patrie me paraît aussi humiliant et intolérable que la démence.

Prostituer le nom de guerre à ce que fait l'Allemagne depuis trois ans, c'est simplement abolir le sens des mots, en même temps que disparaissent les notions les plus élémentaires de l'honneur. Je ne peux que redire ce que j'écrivais il y a deux ans :

«... Se ruer comme des brutes formidablement armées sur des peuples qu'aucune menace n'avait avertis, égorger par milliers des êtres sans défense et les souiller en les torturant, incendier, piller, dévaster à plaisir les plus belles contrées du monde, détruire des chefs-d'œuvre séculaires avec des ricanements de singes en folie, en se remplissant de l'idée qu'on fera ainsi trembler toute la terre... tel est le concept unique de l'Allemagne prussianisée et de tous ses intellectuels prosternés devant un cabotin lamentable.

« La vérité qu'il faudrait crier partout, c'est que nous ne sommes pas en guerre. Nous défendons comme nous pouvons notre sol, nos demeures, nos femmes et nos enfants contre la plus gigantesque entreprise de cambriolage et d'assassinat qu'on ait jamais vue. Dire que nous sommes en état de guerre avec l'Allemagne est aussi absurde qu'il le serait de supposer qu'un malheureux homme cramponné par une hideuse ménade remplie de tous les démons de la luxure et se défendant contre elle de toutes ses forces est en état de mariage avec cette possédée.

« Si j'avais l'honneur d'un commandement militaire, je ne consentirais jamais à reconnaître un Allemand pour un soldat et je n'aurais pas assez de cordes pour pendre les prisonniers.

« L'uniforme de ces crapules offusque notre intelligence de guerriers chevaleresques et nous fait oublier constamment que nous sommes en présence d'une colossale chienlit de domestiques infâmes travestis en gens de guerre. S'agit-il de prisonniers ? Nous traitons avec considération, avec honneur même, d'exécrables scélérats dont nos galériens ne voudraient pas pour compagnons... (1) »

(1) Léon Bloy, *Au seuil de l'Apocalypse.*

Si, dès les premiers jours, notre conscience révoltée eût vomi à la face de l'Allemagne l'immense horreur de son brigandage, si une clameur unanime l'eût dénoncée comme une salope indigne de porter des armes et qu'un stigmate universel de honte infinie eût été pour le monde entier l'unique trophée de ses immondes victoires, il est certain que nous n'en aurions pas moins souffert, mais quelque chose d'essentiel eût été changé. Le dégoût aurait rendu impossible toute velléité de pardon, l'exclusion formelle de l'idée de guerre aurait eu pour conséquence nécessaire l'exclusion corrélative de l'idée de paix pour ne laisser subsister dans tous les cœurs que le désir passionné d'un châtiment implacable, et la plus auguste voix du monde chrétien ne se serait pas horriblement disqualifiée en parlant de *l'honneur* des armes allemandes.

Mais hélas ! maintenant le pli est pris et moi-même, en frémissant de colère, ne suis-je pas forcé d'employer ce mot de guerre à toutes les pages, si je veux me faire entendre ? On ne parle que de la guerre, de la fin de la guerre à quelque prix que ce soit, et de ce qui suivra cette abominable fiction. Dieu veuille que la fiction de paix qui sortira d'un si monstrueux solécisme ne soit pas plus abominable encore.

XIX

L'INVENTAIRE DES AMES

L'INVENTAIRE DES AMES

Savoir où on en est au spirituel, ce qui peut subsister encore de la richesse de jadis, ce qui reste à espérer ou à craindre pour l'avenir, si toutefois un avenir quelconque est envisageable; une telle besogne est à entreprendre en ce moment où d'inconcevables trahisons se manifestent, où les manigances les plus noires sont dévoilées ou soupçonnées de toute part, à la stupeur énorme des simples gens qui voudraient pouvoir supposer au moins un peu de pudeur chez les politiques ou les administrateurs qu'ils ont investis de leur confiance.

Et voici qu'aussitôt on est en présence de la plus banale des pratiques usitées dans le monde commercial. Pourtant il s'agit des âmes, rien que des âmes; mais il s'agit de les estimer, de les peser, de les évaluer comme des marchandises. Il y en a qui sont à vendre et leur nombre est à faire peur, seulement les unes sont trop demandées et beaucoup d'autres inutilement offertes. C'est une mauvaise balance.

Il y a le stock ruineux des âmes *usagées*

dont personne ne veut plus, qui menacent d'encombrer le magasin et qu'il faudra solder avec perte, en les envoyant au chiffonnier, désastre certain, car elles ont coûté fort cher. Il y en a d'autres qui, sans être précisément dédaignées de l'amateur, sont d'un placement difficile, on ne sait pourquoi. Il y en a d'autres enfin, mais celles-là en très petit nombre, fort heureusement, qui ne se laissent pas vendre, qui repoussent l'acheteur comme avec la main, quel que soit le prix offert. Spécimens rarissimes utilisables seulement pour la médaille aux expositions universelles ou pour la réclame dans la vitrine, quand il paraît urgent d'éperonner la clientèle.

Les âmes immortelles ! C'est ainsi et non autrement qu'on est forcé de les considérer aujourd'hui. Des marchandises bonnes ou mauvaises, médiocres ou pires, dommageables ou avantageuses. Elles sont devenues des objets de spéculation pour la plupart et le ferment de l'astuce la plus attentive, car le diable est au ventre des spéculateurs. On en est là. C'est un négoce aussi ancien que le monde, mais prodigieusement accru, généralisé depuis trois ans par l'exemple et le contact des Allemands. Toutefois, je le répète, une astuce profonde est indispensable.

Il vous arrive de payer très cher une âme de rien qui vous a ravi et que vous ne pourrez pas même revendre à un maquignon allemand, car les boches les plus bêtes sont des connaisseurs. Le moindre grain de beauté, la plus imperceptible tache de vertu, ils les découvrent à l'instant.

Une autre fois vous croirez avoir profité d'une occasion exceptionnelle procurée par l'urgence tambourinée d'une liquidation feinte, manœuvre hardie d'un stratège de la spéculation inondant le marché d'une quantité incroyable de laissés pour compte.

Vous ne tarderez pas à comprendre que le commerce des âmes est extrêmement périlleux pour le crédit. Les boches eux-mêmes y peuvent être déçus, car enfin les âmes sont quelquefois une marchandise vivante, capable d'agir et de se venger de ceux qui l'exploitent. « Comment voulez-vous que cet homme ne soit pas riche ? » disait quelqu'un de Talleyrand, « il a vendu tous ceux qui l'ont acheté ». Il en coûte, je le dis en passant, de supposer une âme à Talleyrand, mais ce mot a quelque imporance et vaut d'être médité.

L'inventaire que j'imagine sans le conseiller à personne est certainement ce qu'il y a de plus difficile au monde. On peut même dire que Dieu seul en est capable et précisément Dieu n'est pas *dans le commerce*. Son éternité s'y oppose. N'ayant ni commencement ni fin, les opérations à terme lui sont interdites et cela dit tout.

En une seule fois il a racheté toutes les âmes, quelles qu'elles fussent, et chacune d'elles à un très grand prix, leur laissant, il est vrai, la liberté de se revendre elles-mêmes, comme du bétail de peu de valeur. Nous assistons aujourd'hui à la foire aux âmes, la plus importante qu'on ait jamais vue. Il ne faut pas espérer y rencontrer Dieu. Comment aurait-il pu ne pas s'éloigner ? C'est le Sang de son Fils qui est au marché, le très précieux Sang de son Fils versé pour le salut de tous les hommes. « Je pensais à toi dans mon Agonie, j'ai versé telle goutte de sang pour toi. » Cette goutte que voyait le pauvre Pascal, c'est exactement le prix de chacune des âmes humaines. Petites ou grandes, toutes ont coûté le même prix exorbitant. L'âme d'un imbécile ou d'un chenapan, l'âme d'un espion ou d'un traître qui se croit payé d'une somme infime a une valeur réelle infiniment supérieure à celle de tous les mondes, et Dieu n'a que faire dans cette populace mercantile qui l'outrage en le dépréciant effroyablement.

Il est dans son ciel, écoutant le cantique surnaturel de Marie, le cantique d'éternité que nous nommons le Magnificat, où cette Mère qui retient son Bras lui parle sans cesse de sa Miséricorde et de sa Puissance, en le suppliant d'observer qu'il n'a pas encore exalté les humbles ni rassasié les mourants de faim, et que les hommes attendent peut-être, pour l'adorer, l'accomplissement de ces promesses. Elle l'endort ainsi pour quelques heures, en le berçant comme autrefois, dans la petite maison de Nazareth. Mais elle ne peut rien de plus, la Bien-Aimée du Saint-Esprit, sachant très bien qu'elle ne doit pas demander à son Fils de recommencer la Passion pour sauver Judas, qui était sans doute moins horrible que les trafiquants des âmes, puisqu'il a rendu l'argent.

XX

LES NOUVEAUX RICHES

LES NOUVEAUX RICHES

Les voilà ceux qui ne rendent pas l'argent ou qui ne le rendront qu'avec leurs tripes quand on les aura crevés sans douceur, dénouement probable dans un délai qui ne peut plus être bien long et que j'abrègerais avec une extrême joie, si c'était en mon pouvoir. Ils sont vraiment affreux.

Les anciens riches, si formellement maudits dans l'Évangile, ne me plaisaient guère. J'ai fait tout un livre pour exhaler mon horreur de ces criminels dont c'est la fonction sociale de manger les pauvres et de les souiller en les dévorant. Je me suis même reproché de n'avoir pas été assez loin dans l'expression de mes sentiments.

Cependant ils avaient pour eux le bénéfice d'une sorte de prescription. Quelques-uns pouvaient faire valoir on ne sait quels services rendus autrefois par des ancêtres profondément oubliés qu'une supérieure justice récompensait ainsi dans leurs descendants inutiles.

D'autres, dénués d'ancêtres recommandables et dont l'opulence avait une source aussi cachée que celle du Nil, pouvaient invoquer la sagesse des théoriciens illustres qui ont démontré depuis longtemps la nécessité des grandes fortunes pour l'équilibre et le décor de la société. D'autres enfin, dont la richesse était d'origine franchement infâme, avaient la ressource de mettre en avant la sublimité de leurs intentions et le devoir qu'ils s'étaient prescrit charitablement de réparer les crimes de leurs pères en comblant les miséreux d'un centième de leur superflu. Et il n'y aurait eu rien à répondre, le code civil admiré de tous les notaires et le zèle béni de tous les gendarmes opposant à l'indignation des pauvres une insurmontable barrière.

Les nouveaux riches ont une autre allure. Ne pouvant se recommander de personne en bien ou en mal, ils se recommandent d'eux-mêmes avec une cynique et merveilleuse audace. Ils ne se déclarent pas positivement des voleurs ni des assassins de pauvres, mais il ne leur déplaît pas qu'on le pense et qu'on admire leur habileté.

Songez donc ! Faire fortune lorsque la ruine menace tout le monde, utiliser les catastrophes en les aggravant, féconder la désolation, fertiliser le désespoir, être les mouches prospères et la ribotante vermine des morts, après avoir été la dernière torture des agonisants ! Ne serait-ce pas le comble de la bêtise de négliger l'occasion du sommeil inexplicable de la guillotine ?

Accaparer les subsistances, raréfier ou sophistiquer la nourriture de tout un peuple pour en décupler la valeur sont des pratiques traditionnelles que la potence rémunérait autrefois et que récompensent aujourd'hui l'admiration et l'envie.

Il y a les grands et les petits profiteurs et c'est une question de savoir quels sont les plus hideux. Les grands assassinent les pauvres de très loin, d'une manière générale, à l'abri de telle ou telle combinaison administrative toujours mystérieuse. Les petits, ceux qu'on nomme les détaillants, égorgillent chaque jour les indigents qui leur tombent nécessairement sous la main. Admirablement concertés entre eux, ils établissent les prix qu'ils veulent, quand ils veulent, réalisant des gains de 3 ou 400 pour cent. C'est la guerre! disent-ils avec un sourire et ils triomphent dans leur turpitude, sachant très bien qu'aucune sanction n'interviendra pour désobliger les électeurs.

Ceux-là entendent bien arriver eux aussi à la fortune, mais comme ils sont, à l'instar des spéculateurs de haut vol, aussi bêtes que méchants, les uns et les autres ne songent pas à se demander quel pourra bien être le lendemain de leur ignoble victoire. Ils oublient toujours qu'il y a, sur notre front de guerre, un million d'hommes habitués depuis trois ans à tuer des hommes, en s'exposant eux-mêmes à être tués, habitués, par conséquent, à compter la vie humaine pour peu de chose. Ils reviendront un jour, impatients de régler les comptes arriérés. Que diront-ils au spectacle de l'inondation des canailles et de quel œil pourront-ils voir la prospérité diabolique des mercantis qui auront affamé, torturé leurs femmes et leurs enfants, pendant qu'ils enduraient pour la défense commune les pires horreurs ?

Il se pourrait qu'alors les joyeux et souriants profiteurs ne trouvassent pas assez de cavernes pour se dérober à la fureur de ces déchaînés pour qui ce serait un délice paradisiaque de les éventrer. On ne saurait trop recommander aux intéressés la méditation de cet avenir.

Bourg-la-Reine, 16 juillet-15 octobre 1917.

XXI

L'AVEUGLE-NÉ

L'AVEUGLE-NÉ

ÉVANGILE DE S. JEAN

Chapitre IX

Jésus dit à l'aveugle de naissance qu'il vient de guérir: « Crois-tu au Fils de Dieu ? » Celui-ci demande : « Qui est-il, Seigneur, pour que je croie en lui ? » Et Jésus répond : « Tu l'as vu, et celui qui te parle, c'est lui-même. »

Cette dernière parole est écrasante pour notre esprit. Ainsi donc Jésus aurait éclairé cet aveugle, ce mendiant aveugle qui n'avait jamais rien vu, pour que le premier objet qu'il pût voir fût précisément le Fils de Dieu! Le Fils de Dieu voulait la *virginité* du regard de ce pauvre. Les regards des autres, de ceux qui avaient vu tant d'autres objets avant qu'ils le rencontrassent, ne lui suffisaient pas. Cette multitude avait pu voir toute sa création, depuis les animaux jusqu'aux plantes et jusqu'aux pierres. Elle avait pu voir toutes les étoiles du firmament, mais nul n'avait eu ce privilège inouï de la vision du Fils de Dieu antérieure à toute vision. Nul excepté, sans doute, le Père, qui voyait indiciblement son Fils avant qu'existât une création visible...

On demande à cet aveugle éclairé : « Où est-il cet homme qui t'a ouvert les yeux? » et il dit : « Je ne sais pas. » On lui affirme que cet homme est un pécheur et il répond : « Je n'en sais rien. Je ne sais qu'une chose, c'est que j'étais aveugle et que, maintenant, je vois. » On interroge ses parents et ils disent qu'ils ne savent rien, sinon que celui-là est leur fils et qu'il est né aveugle. Les interrogateurs eux-mêmes déclarent qu'ils ne savent d'où peut venir celui qui a opéré le prodige. Personne ne sait rien.

Cependant on veut apprendre au moins ce que le pauvre homme pense de celui qui lui a ouvert les yeux et il dit : « C'est un prophète. » Il ajoute que « si celui-là n'était pas de Dieu, il ne pourrait rien faire ». Voilà, certes, une obscurité bien étrange et sûrement elle augmenterait jusqu'à devenir les Ténèbres palpables de la Neuvième Plaie, si quelque docteur extraordinairement inspiré s'avisait de demander à cet aveugle devenu clairvoyant ce qu'il est lui-même et que celui-ci vînt à lui répondre ce qui est écrit dans l'Évangile : « Il est admirable que vous ne le sachiez pas. »

Avant de tenter, avec une audace qui peut ressembler à de la folie, une interprétation quelconque, je veux penser encore à ce privilège unique, déconcertant et inconcevable de l'Aveugle-né, admis, seul parmi tous les hommes, à contempler la Face de Jésus virginalement, c'est-à-dire n'ayant jamais vu aucune autre chose sur terre. Ils étaient innombrables, ceux qui, déjà longtemps avant lui, l'avaient contemplé, — s'il est possible, toutefois, de se servir d'un tel mot.

La contemplation dans son essence n'est ni affective ni active et la raison n'y a point de part non plus que la volonté. « La contemplation », disait Rusbrock l'Admirable, « est une connaissance supérieure aux manières de connaître, une science supérieure aux manières de savoir... C'est une ignorance illuminée, un miroir magnifique où reluit l'éternelle splendeur de Dieu; elle n'a pas de mesure et toutes les démarches de la raison sont impuissantes là où elle est. » Toutes les facultés du contemplateur sont dans les serres irrésistibles de la Colombe qui va où elle veut, qui fait ce qu'elle veut, et qui vient on ne sait d'où, n'ayant ni commencement ni fin.

Sans doute les premiers adorateurs de Jésus enfant, avertis par les Anges comme les Bergers, ou illuminés au fond d'eux-mêmes comme les Mages, l'avaient réellement contemplé. Aucune autre expression ne peut être admise. Mais la foule immense des autres sans excepter les Apôtres et les Disciples, que pouvaient-ils jusqu'à sa mort dont ils furent effrayés et scandalisés, sinon le voir de leurs yeux de chair, ainsi que pouvaient le voir les animaux, objet visible qu'ils étaient forcés de *comparer* à tous les objets visibles qui avaient passé de leurs yeux dans leur mémoire, avant qu'il leur apparût ?

Privilège déjà infini. A la distance des siècles, aujourd'hui surtout, les chrétiens capables d'amour ne peuvent se défendre d'envier ces bienheureux hommes qui voyaient le Seigneur tous les jours et ceux-là même qui ne le virent qu'une seule fois. Les Patriarches et les Hébreux des temps très anciens soupiraient, dit-on, après sa venue et pleuraient de désir en appelant le Bien-Aimé sur les montagnes ou dans les profondes vallées. Quand il fut porté tout petit enfant, à Jérusalem, le juste vieillard Siméon en mourut de joie.

L'espérance, il est vrai, doit nous suffire, à nous autres pauvres chrétiens venus si tard ! Mais en ce qui concerne la Face du Christ incarné, ses adorables Yeux, sa Bouche divine qui ne s'ouvre que pour proférer des paraboles ou similitudes, sa Main de Fils Unique du Dieu vivant qui guérit les plaies des corps et les plaies des âmes, son ineffable Cœur palpitant et tout son Corps d'Agneau mystique devant être immolé pour le rassasiement des hommes qui croiront en lui ; pour ce qui est de tout cela, notre espérance bien singulière est, si on peut le dire, *à rebours*, en ce sens que nous désirons voir ce qui a été vu trente-trois ans par tout un peuple, il y a vingt siècles.

Nous savons, par la foi, que nous le verrons plus tard, *si nous l'avons mérité*, et voilà la différence. Et encore, l'ayant mérité, nous le verrons *autrement*. Ce ne sera plus dans sa chair passible, comme autrefois. Heureux Judas! Heureux Caïphe! Heureux Hérode! Heureux Pilate! qui l'avez vu de vos yeux! Peu importe que vous souffriez actuellement d'horribles tourments. Ce que vous avez eu, sans le comprendre, n'est pas trop payé par une éternité de supplices.

Le cas de l'Aveugle-né est énormément différent de tous les cas imaginables. Il était devenu clairvoyant pour voir Jésus, c'est-à-dire d'une clairvoyance telle qu'il n'y en avait pas de comparable et qu'en ce sens on peut penser qu'il n'avait pas cessé d'être aveugle pour tout ce qui n'était pas Jésus.

Le Seigneur en avait guéri d'autres, celui du chemin de Jéricho, par exemple. Mais celui-là n'était pas aveugle de naissance et il savait très bien qui était Jésus, puisqu'il l'appelait « Fils de David ». Puis le miracle fut opéré d'une toute autre manière. « Que veux-tu que je te fasse ? » demande Jésus à celui-ci. « Seigneur, que je voie ! » Et

Jésus lui dit : « Vois, ta foi t'a sauvé. » Aussitôt il vit. Une parole, sans un geste.

Mais pour l'aveugle-né, c'est une sorte de cérémonie liturgique : « Tant que je suis dans le monde, je suis la Lumière du monde. » Jésus, ayant dit cela, cracha par terre, fit de la boue avec sa salive, puis étendit cette boue sur les yeux de l'aveugle et lui dit : « Va et lave-toi dans la piscine de Siloë (mot qui veut dire Envoyé). » L'aveugle y alla, se lava et revint, voyant clair.

Que signifie cette salive de la Lumière du monde, qu'est-ce que cette boue, et que faut-il penser de cette piscine ? Il paraît que la réponse est difficile, puisque saint Augustin lui-même tourne court dans ses

Traités sur l'Évangile de saint Jean, déclarant que cela est suffisamment intelligible et qu'il n'y a pas lieu de s'y arrêter. Malgré tout mon respect pour ce grand Docteur de l'Église, j'avoue qu'il m'est impossible de faire un pas de plus sans avoir essayé d'obtenir je ne dis pas même un peu de clarté, mais au moins le pressentiment du mystère enfermé dans ces mots évangéliques.

Et d'abord, qu'est-ce qu'un aveugle de naissance, un aveugle-né ? Je sais bien une réponse qui ne se fera pas attendre. On me dira que celui de l'Évangile représente le genre humain devenu aveugle par le péché. Mais cette réponse métaphorique ne me contente pas, puisque Jésus semble dire expressément que cet aveugle n'a pas péché, non plus que ses parents, mais qu'il est né aveugle « pour que les œuvres de Dieu soient manifestées en lui ». *Les Œuvres de Dieu !...* Pour s'en tenir au sens banal, c'est-à-dire à la cécité matérielle et congénitale, comment imaginer un pareil état ? Comment faire pour le concevoir ? Car enfin cette circonstance purement physique est l'occasion de tout ce chapitre de saint Jean, et il y aura bientôt vingt siècles qu'on vit là-dessus. C'est le point de départ, le support de tout ce mystère. C'est donc là qu'il convient de se placer. Mais encore une fois, comment s'y prendre ?

Les aveugles par accident ou maladie ne sont pas vraiment des aveugles. Ils ont vu ce qu'ils avaient à voir et ils continuent par les empreintes de leur mémoire. Ils sont comme des hommes privés d'un de leur membres dont ils firent tel ou tel usage. Leur situation n'a rien d'analogue ni de comparable à celle d'un aveugle-né. Celui-là est vraiment inimaginable. Qu'on veuille appeler ses ténèbres intérieures ou extérieures, il est l'habitant des ténèbres, de toutes les ténèbres, et c'est l'empire de Satan. S'il est enfant de chrétiens, il reçoit le sacrement de baptême dans les ténèbres ; il est confirmé dans les ténèbres ; le Corps lumineux de Jésus-Christ lui est donné dans les ténèbres ; il meurt enfin à tâtons dans les plus épaisses ténèbres. Il n'a rien vu et ne peut pas même concevoir ce que c'est que d'avoir vu quelque chose. Il ne sait pas comment sont faits les hommes, ne sachant pas comment il est fait lui-même. Il ignore les femmes, les petits enfants, la couleur du sang, la couleur du feu, la couleur des larmes, la couleur des cieux, et il n'arrive pas à conjecturer seulement l'apparence de son Rédempteur. Or la compréhension de quoi que ce soit semble impossible sans le don de la vue physique. Ce n'est pas une misère excessive, que la sienne. C'est un monstre de misère.

Que penser alors de l'aveugle-né de l'Évangile qui n'avait pu rien recevoir dans son caveau de la Synagogue, appelé soudain à envisager le Fils de Dieu, sinon qu'il fut, par un miracle non moins grand que la création des soleils, institué d'un moment à l'autre, le Clairvoyant de la Divinité douloureuse? « *Credo, Domine*, je crois, Seigneur », dit-il, et, se prosternant, il l'adora. A cette minute grande comme les siècles, que pouvait-il voir, n'ayant jamais eu le pressentiment ni peut-être même le désir d'une vision quelconque et la Face du Christ emplissant devant lui tout l'horizon?

Rien d'autre sans doute que cette Face chargée de tous les crimes du monde, incomparablement plus suave et plus terrible à ses yeux purs qu'elle ne devait l'être dans l'avenir pour les plus saints visionnaires.

La Face de Jésus menaçant le vent et se faisant obéir de la mer, pleurant au tombeau de Lazare et suant le sang à Gethsémani ; la Face livide et conspuée du Maître flagellé, crucifié, mourant, prononçant les Sept Paroles infinies qui correspondent aux Sept jours de la Genèse ; devant être manifestée à la fin dans une gloire impossible à imaginer, infiniment au-delà des collines d'or de la Résurrection, en un lointain mystérieux et formidable, pour le Jugement de tous les hommes.

Et il fallait bien qu'il en fût ainsi, puisque le Seigneur, pour donner la vue à cet aveugle, rien que pour lui donner la vue, avait opéré tout juste comme pour la Création de la Race humaine. Il avait pris de la terre, mais, en même temps, parce qu'il avait assumé toute la coulpe de cette race, la Rédemption étant à ce prix, il avait fallu qu'il y mêlât sa salive, en accomplissement de la loi formelle de Moïse promulguée dans le Lévitique : « Si un homme jette sa salive sur celui qui est net, il sera immonde jusqu'au soir. »

La stature de ce pauvre aveugle atteint à cet instant des proportions inconnues. Tout à coup on ne voit plus que lui, et sa cécité

devient un phare pour éclairer l'Évangile.
L'humiliation infinie du Fils de Dieu, son
état d'opprobre et de vermine prophétisé
par David, et son infamante mort *dans les
ténèbres du soir ;* tout cela serait donc
déterminé symboliquement par sa guérison
miraculeuse ! Alors qui est-il vraiment, cet
aveugle, ainsi que je l'ai dit plus haut, en
appliquant à lui-même ce qu'il dit de son
sauveur : « Il est admirable que vous ne le
sachiez pas. »

Dans cette histoire étonnante que je crois
toujours lire pour la première fois, l'ayant
si souvent relue, je suis très particulière-
ment impressionné par le témoignage des

parents et par la protestation furieuse des docteurs de la Synagogue. « Nous *savons* que celui-ci est notre fils », disent les premiers. « ... Interrogez-le, *œtatem habet, ipse de se loquatur* ; il a l'age, qu'il parle de lui-même. » Quand on sait l'Absolu des Textes sacrés et leur concordance lumineuse, il est difficile, en cet endroit, de ne pas penser à « l'âge de la plénitude du Christ », selon l'expression de saint Paul, et il est tout à fait impossible de ne pas se rappeler qu'il n'y a que Dieu qui puisse *parler de lui-même* — sens profond de toute la Révélation écrite.

Alors, oh ! mais alors, cet aveugle, à qui Jésus ouvre les yeux, signifierait donc

Jésus lui-même, comme son image énigmatique reflétée dans un miroir ! Et ses parents qui *savent* que c'est là leur fils, mais qui semblent ne pas savoir autre chose, par crainte des Juifs et de leurs docteurs, comment ne pas les assimiler à ceux de Jésus, quand il avait douze ans et qu'il leur fallut le chercher trois jours dans la ville de Jérusalem, aveugles eux-mêmes ou le croyant peut-être devenu aveugle, pour le trouver enfin dans le Temple, assis au milieu des docteurs qu'il étonnait de sa clairvoyance.

On a souvent regardé comme une difficulté grave la réponse de cet adorable Enfant à ses parents éplorés : « Ne saviez-vous pas qu'il faut que je sois aux choses de mon Père ? » C'est le même sens que l'autre réponse du même Jésus dans l'âge de sa plénitude : « Il faut que les œuvres de Dieu soient manifestées en lui », en cet homme qui est aveugle de naissance et dont les yeux ouverts par moi vont me renvoyer ma propre image incontaminée.

« Il a l'âge. » Cette affirmation des parents a une importance telle que l'évangéliste la mentionne *deux* fois, comme si l'Esprit-Saint qui l'inspire voulait qu'on pensât aux deux Testaments. Et c'est là, sans doute, ce qui exaspère les gens de la

Synagogue : « Toi, sois le disciple de celui qui t'a ouvert les yeux et que nous ne voulons pas connaître », disent-ils à l'illuminé en le maudissant ; « sois son disciple tant que tu voudras ; nous autres, nous sommes les disciples de Moïse. » Et ils le jettent dehors où il est aussitôt recueilli par Jésus.

« Il a l'âge », encore une fois. Ce fils né dans les ténèbres, grandi dans les ténèbres et délivré maintenant des ténèbres, quel âge peut-il donc avoir ? Certainement il doit avoir l'âge de Jésus et Jésus a précisément l'âge de Dieu, de la plénitude de Dieu, l'âge de la Création, l'âge de tous les Patriarches, de tous les Prophètes, de tous les peuples et de tous les mondes, l'âge de la Trinité et de l'Éternité.

Aussitôt qu'on a vu ou entrevu cela, on est forcé de conclure à l'impossibilité de débrouiller cette histoire qui est, comme tous les récits paraboliques de l'Écriture, sans exception, humainement impénétrable. On ne sait plus où est Jésus, on ne sait plus où est l'aveugle-né. Quand on lit que celui-ci est jeté dehors par les disciples de Moïse, c'est l'histoire de Jésus qu'on croit lire ; quand les mêmes disent de Jésus : « Nous savons que celui-là est un homme pécheur », ils ont beau mentir, ils ont tout de même raison et plus que raison, puisque le Fils de Dieu, assumant tous les péchés du monde, a été fait réellement pécheur au point d'être le Péché même, ainsi que l'affirme saint Paul. Lorsque les voisins, *vicini*, de l'aveugle-né, — c'est-à-dire tous les Prophètes de l'ancienne Loi qui l'avaient vu mendier, — disaient : « N'est-ce pas lui qui était assis et qui mendiait ? » les uns répondaient : « C'est lui. » D'autres : « Pas du tout, mais il lui *ressemble.* » Alors le nouveau clairvoyant disait à son tour : « C'est moi, EGO SUM ! »

A cette parole tout à fait divine capable d'arrêter les cataractes et de faire reculer les montagnes, on tombe par terre, comme les compagnons de Judas au jardin des Oliviers, et on pleure, ne sachant plus en présence de qui on se trouve... Il n'y aurait pas de vie assez longue, s'il fallait tout dire.

Quelqu'un sait-il ce que devint cet aveugle éclairé qui fut réellement un homme, ce qu'on a quelque peine à croire, lorsque, d'infiniment loin, on se demande ce que signifie symboliquement son passage dans un chapitre entier de l'Évangile ? Devint-il, comme il semble l'annoncer lui-même, un disciple de Jésus, ou devint-il un de ses bourreaux ?

Car il était selon la nature humaine qu'un nombre, plus ou moins grand, de ceux qu'il avait guéris ou consolés le crucifiassent avec fureur un peu plus tard. Nulle trace de lui au-delà du IXᵉ chapitre de saint Jean.

Je n'ai rien dit encore de la piscine de Siloë. Peut-être obtiendrons-nous de ce côté un peu de lumière. Le mot employé dans la Vulgate est assez étrange. *Natatoria.* Strictement, c'est un endroit où on nage, un lieu de natation. Il y avait une fontaine de Siloë, au pied de la montagne du Temple, au sud-est de Jérusalem, en dehors des murs. Son nom, probablement très ancien, signifie Envoyé, ainsi que le fait remarquer l'évangéliste, particularité fort mystérieuse pouvant expliquer sa situation *en dehors* de Jérusalem, quand on considère, dans cette figure, l'expulsion judaïque, obstinée, vingt fois séculaire, de Jésus qui est l'Envoyé par excellence.

Cette fontaine prédestinée ne peut signifier que Marie, de qui est sorti Jésus, Marie continuellement et immémorialement symbolisée dans les Livres saints par toutes les eaux des sources, des fontaines, des fleuves ou des océans, au point que Moïse racontant la Création ne peut s'empêcher de donner le nom de *Maria* à l'universelle « congrégation des eaux »... Quand Jésus dit à l'aveugle de se laver dans la piscine, c'est donc comme s'il l'envoyait à sa Mère. Celle-ci qui préside souverainement aux immersions baptismales et qui a enfanté la Lumière du monde prend à cet homme sa cécité pour la conférer en exhalant les soupirs immenses de sa Transfixion — à la Race Juive, sa propre race, dès ce moment forcée d'attendre que s'accomplisse ineffablement la Première Parole du Rédempteur en sa Croix, pour être délivrée enfin des ténèbres de son terrible *Velamen*.

Voilà donc tout ce que je parviens à discerner dans cette histoire de l'Aveugle-né. Un mendiant qui n'a jamais rien vu et qui paraît être, en une manière très cachée, Jésus lui-même aperçu dans le miroir énigmatique de saint Paul; ce mendiant, privé de toute lumière jusqu'alors, devenant soudain clairvoyant, parce que Jésus, Lumière du monde, a frotté ses yeux avec de la terre conspuée par lui et qu'il lui a dit d'aller à sa Mère qui ne pouvait pas être bien loin, pas plus loin, je pense, que la fontaine de ses propres yeux tout pleins des larmes que bientôt il répandrait sur le tombeau de Lazare; et tout deux, le Mendiant et le Seigneur, les Ténèbres et la Lumière, devenant l'un pour l'autre deux miroirs, au point que Jésus, ayant l'air de tout transposer, déclare, à la fin, qu'il est venu pour que ceux qui ne voient pas soient des voyants et que les voyants deviennent aveugles, et que c'est en cette sorte qu'il jugera le monde; affirmation qui promet d'étranges surprises.

Puis des parents qui savent que cet aveugle-né qui vient de naître à la clairvoyance est bien leur fils, mais qui ne savent rien de plus, paraissant croire qu'il est perdu pour eux, maintenant qu'il voit, et s'éloignant de cet enfant qui n'a plus besoin d'eux, puisqu'il a l'âge où il peut parler de lui-même, attitude respectueuse qu'on doit supposer celle des Prophètes, à l'apparition du Sauveur qu'ils avaient été chargés d'annoncer. Puis encore des disciples de Moïse, manifestement enragés de toutes ces choses et se sentant avec désespoir devenir aveugles à leur tour, quand l'Aveugle-né qui les condamne voit enfin, croit et adore.

Tout cela, est-il besoin de le dire ? se passe sur les cimes vermeilles de la Contemplation, à d'énormes distances de l'interprétation strictement morale ou doctrinale du Texte saint et infiniment au-dessous de la claire Vision Béatifique. C'est comme une manière de pleurer en regardant le ciel, en pensant à l'incompréhensible Dieu de nos âmes qui nous consumerait comme de la paille, s'il se montrait à nous autrement qu'en énigmes ou en paraboles.

TABLE

TABLE

PRÉFACE.. 10

I. LE MÉPRIS............................ 21
II. LES APPARENCES..... 31
III. LA VOLUPTÉ...... 43
IV. L'ATTENTE... 53
V. LA PEUR........................... 59
VI. LE CŒUR DE L'ABIME............... 69
VII. LES AVEUGLES..................... 79
VIII. UN SANGLOT DANS LA NUIT......... 89
IX. LA DOULEUR...................... 97

X.	LE CANON	116
XI.	LE MIRACLE	125
XII.	LE DERNIER CRI	135
XIII.	LA PUTRÉFACTION	145
XIV.	L'AVÈNEMENT INIMAGINABLE	155
XV.	LA FRONTIÈRE	167
XVI.	COMMÉMORATION	176
XVII.	LE DÉSASTRE INTELLECTUEL	187
XVIII.	UN SOLÉCISME	203
XIX.	L'INVENTAIRE DES AMES	213
XX.	LES NOUVEAUX RICHES	225
XXI.	L'AVEUGLE-NÉ	235

Poitiers. — Imp. G. ROY, 7, rue Victor-Hugo.

MERCVRE DE FRANCE

XXVI, RVE DE CONDÉ — PARIS-VI⁰

Paraît le 1er et le 16 de chaque mois, et forme dans l'année six volumes

Littérature, Poésie, Théâtre, Beaux-Arts
Philosophie, Histoire, Sociologie, Sciences, Voyages
Bibliophilie, Sciences occultes
Critique, Littératures étrangères, Revue de la Quinzaine

La **Revue de la Quinzaine** s'alimente à l'étranger autant qu'en France. Elle offre un nombre considérable de documents, et constitue une sorte « d'encyclopédie au jour le jour » du mouvement universel des idées.

Les Poèmes : Georges Duhamel.
Les Romans : Rachilde.
Littérature : Jean de Gourmont.
Histoire : Edmond Barthélemy.
Philosophie : Georges Palante.
Le Mouvement scientifique : Georges Bohn.
Sciences médicales : Dr Paul Voivenel.
Science sociale : Henri Mazel.
Ethnographie, Folklore : A. Van Gennep.
Archéologie, Voyages : Charles Merki.
Questions juridiques : José Théry.
Questions militaires et maritimes : Jean Norel.
Questions coloniales : Carl Siger.
Ésotérisme et Sciences psychiques : Jacques Brieu.
Les Revues : Charles-Henry Hirsch.
Les Journaux : R. de Bury.
Théâtre : Maurice Boissard.
Musique : Jean Marnold.
Art : Gustave Kahn.
Musées et Collections : Auguste Marguillier.
Chronique belge : G. Eekhoud.

Chronique suisse romande : René de Weck.
Lettres allemandes : Henri Albert.
Lettres anglaises : Henry-D. Davray.
Lettres italiennes : Giovanni Papini.
Lettres espagnoles : Marcel Robin.
Lettres portugaises : Philéas Lebesgue.
Lettres américaines : Théodore Stanton.
Lettres hispano-américaines : Francisco Contreras.
Lettres brésiliennes : Tristão da Cunha.
Lettres néo-grecques : Démétrius Asteriotis.
Lettres roumaines : Marcel Montandon.
Lettres russes : Jean Chuzewille.
Lettres polonaises : Michel Mutermilch.
Lettres néerlandaises : J.-L. Walch.
Lettres scandinaves : P.-G. La Chesnais.
Lettres tchèques : Janko Cadra.
La France jugée à l'Étranger : Lucile Dubois.
Variétés : X...
La Vie anecdotique : Guillaume Apollinaire.
La Curiosité : Jacques Daurelle.
Publications récentes : Mercure.
Échos : Mercure.

Les abonnements partent du premier des mois de janvier, avril, juillet et octobre.

FRANCE		ÉTRANGER	
Un an	32 fr.	Un an	37 fr.
Six mois	17 »	Six mois	20 »
Trois mois	9 »	Trois mois	11 »

Poitiers. — Imprimerie du Mercure de France, G. ROY, 7, rue Victor-Hugo

www.ingramcontent.com/pod-product-compliance
Lightning Source LLC
Chambersburg PA
CBHW050635170426
43200CB00008B/1027